マイナ保険証の罠

荻原博子

文春新書

1422

◎政府は〝嘘！〟をついている

マイナンバーカードへの不信感が、日増しに強まっています。トラブル続出のマイナンバーカードと、マイナ保険証に誘導するための、現行の健康保険証の廃止が、その大もとです。

まずは「政府の嘘！」の代表的なものを、いくつか列挙してみましょう。

■保険証を廃止しても問題はない

（嘘！）医療現場、介護現場ともに、健康保険証の廃止で大混乱しています。「問題ない」と言っていた厚生労働省も、言を翻《ひるがえ》し「病院に行くなら、マイナ保険証だけでなく健康保険証も一緒に持っていけ」と言っています。

■カードを落としても大丈夫

嘘！　総務省は、「顔写真入りなので落としても他人が使うことができない」から大丈夫と言いますが、写真は貼り替えなどでごまかすことも可能です。また「大切な個人情報はＩＣチップには入っていない」と言いますが、ＩＣチップからマイナポータルにアクセスすれば、そこにある個人情報を根こそぎ見ることができます。

■顔認証があるので「なりすまし」はできない！

嘘！　別人の顔でも認証できてしまう「誰でも認証」のケースがすでにいくつも出てきています。トラブルが起きないように業者が顔認証のレベルを下げている可能性があり、クリニックによっては、「顔認証お断り」の貼り紙のあるところもあります。

■他人に個人情報を見られることはない

（嘘！）すでに、企業や行政機から漏れた個人情報は2017年から2021年まで約3万5000人分にものぼります。マイナ保険証では、別人の情報を登録したものが約7300件と発表されるなど、情報ダダ漏れ状態です。また、暗証番号をしっかり管理していない人も多く、暗証番号を知られると、誰でも「なりすまし」て、すべての個人情報が見られてしまうのです。

■マイナ保険証でより良い医療が受けられる

（嘘！）マイナ保険証の情報は、診療報酬（レセプト）情報や健康診断の情報なので、1～2ヶ月前の古い情報。医者が重要視するのは、リアルタイムのカルテの情報なのですが、これはまだ、マイナポータルには載っていません。薬などの情報も古く、リアルタイムに情報が把握できる「お薬手帳」のほうがはるかに有効です。

政府が、こうした多くの「嘘！」をつく背景には、さほど便利でもない、しかも「任意」であるはずのマイナンバーカードを、多くの国民に持たせたいという思惑があります。

■個人情報の「高速道路」で企業も儲けさせる

なぜそれほどまでして、政府はみんなにマイナンバーカードを持たせたいのでしょうか。

それは、このカードで個人情報を集め、個人だけでなく民間企業も利用できる個人情報の「高速道路」（DX）をつくりたいからです。

国民みんなをこの「高速道路」に誘導し、さまざまな手続きをカード1枚でできるようにするだけでなく、民間企業にもこの「高速道路」を利用させ、さまざまな商売で稼げるようにして、景気を浮揚したい。ダムの建設に代わる新しい公共投資が、マイナンバーカードによる、個人情報の「高速道路」づくりなのです。

ただ、この「高速道路」は現実を無視してつくられているので、いたるところが穴だらけです。それだけでなく、利用する便利さも感じられないので、このままでは尻すぼみになりかねません。

そこで政府が目をつけたのが、すべての人が便利に使っている健康保険証でした。マイナンバーカードがなくては健康保険証として使えない「マイナ保険証」を普及させるために、健康保険証そのものを廃止すれば、必然的にすべてのひとがマイナンバーカードを持たざるをえなくなると考えたのです。

つまり、トラブル続きの個人情報の「高速道路」にみんなを乗せるために、安全な一般道である「健康保険証」を、わざわざ法律で改正して廃止してしまったということです。

けれど、そのツケは大きく、政府の迷走は日を追うごとにひどくなっています。
暗証番号の管理が難しい人には、個人情報のセキュリティを無視した「暗証番号」のない「マイナ保険証」を発行すると言い出しました。さらに、「健康保険証」とどこがちがうのかわからない「資格確認書」も、新たに発行するといいます。しかも、「マイナ保険証」はトラブルが多いので、病院へ行くなら「健康保険証」も一緒に持って行くように、と厚生労働大臣が呼びかけています。

極めつきは、２０２３年６月に政府のデジタル社会推進会議が、２０２６年中にセキュリティが強化された「新マイナンバーカード」を発行する、と公表したことです。では、今あるカードはどうなのか、最初からセキュリティを強化しておくべきではなかったかと問い詰めたくなります。

■このままでは、世界に誇る日本の医療制度が崩壊する！

こうした一連の動きは、ひと言で言えば「行き当たりばったり」。こんないい加減な政策でバカ騒ぎし、私たちの血税を使い、社会を混乱させることは、たぶん政府の当事者たちも予想しなかったのではないかと思います。

ただ、騒ぎが大きくなればなるほど、後には引けなくなる。法律まで改正して「健康保険証」の廃止をゴリ押ししてきた政府のメンツが丸潰れになるのを恐れ、ますます強硬な姿勢になっている気がします。

けれど、このまま進めば、国家的な損失があまりにも大きくなるのは目に見えています。

最も大きな損失は、日本が戦後60年かけて、どんなところに住んでいても、収入に差があっても、等しく平等に、安い料金で医療が受けられるようにと培ってきた健康保険制度が崩壊しかねないことです。

すでに「マイナ保険証」の導入で、健康保険制度を支えてきた医師たちが廃業を決めたケースも少なくありません。その中には、離島の過酷な診療所に飛び込んだ人気ドラマの主人公「Dr.コトー」先生のように、無医村を守るために常駐し続けてきたベテラン医師も多くいます。

さらには、現役の医師たちが、いま国を相手どって訴訟を起こしています。なぜなら、政府が進める方向が、現場の医師たちの志と大きく異なるからです。

医師だけではありません。高齢で、「マイナ保険証」をつくりに行けない人もいます。

最大2万円のポイントに釣られて「マイナ保険証」をつくった人の中には、5年後に自分で保険証を更新しないと無保険になることを知らない人も多くいます。病気をしない若い人たちは健康保険料の負担が大きいので、健康保険証がなくなれば、無保険のまま医療体制から脱落していく可能性があります。

本書は、いま混乱をまき散らしている「マイナンバーカード」の正体と、「マイナンバーカード」を普及させるための手段とされてしまった「マイナ保険証」について、その基本を知り、隠されている罠をひも解くことで、なぜ危険なのかということを皆さんにお知らせするために執筆しました。

本書が、政府の「健康保険証廃止」という暴挙を止めるための一助となることを、心から祈ります。

2023年7月24日

経済ジャーナリスト　荻原博子

マイナ保険証の罠　◎目次

政府は〝嘘！〟をついている 3

第一章 「マイナンバーカード」の正体 21

「２０２４年秋、健康保険証廃止」の衝撃

「マイナ保険証」って何？

７３００件超！　別人の情報が誤登録

「消えた年金問題」と似た構造

これからが本番？　情報流出

デジタル化先進国でも大事件に

ここだけは押さえたい「マイナンバーカード」の基本

「マイナンバーカード」と「マイナンバー」はまったくの別物

知っているようで知らない「マイナンバー制度」

利用範囲が「なんでもアリ」に

「マイナンバー制度」３つの目標（政府の説明）

「マイナンバー」の目的はズバリ「国民の財産の把握」！

あらためて「マイナンバーカード」って何？
「強制」か「任意」か
事実上の強制？
マイナンバーカードには「立法事実」がない!?
政府は「マイナンバー」と「カード」をわざと混同させている？
河野大臣の「名前を変えた方がいい」発言

第二章　マイナンバーカードは本当に安全か？　53
本当に個人情報は漏れないのか？
ＩＣチップにはどんな情報が入っている？
あなたのマイナンバーカードが狙われる？
マイナンバーカードに「絶対安全」はない
「顔認証なら本人だとわかる」ので安心？
大臣が「顔認証の精度を上げろ」と号令すると、逆に精度が下がる!?
総理が「総点検」させればさせるほど情報流出の危険が！

マイナンバーとマイナンバーカードではセキュリティがこんなに違う！

情報先進国でも医療情報がハッキングに

いったんシステムに入り込まれたら多くの情報が漏れ出すリスク
アメリカでは「なりすまし」の被害が2年で2兆円
イギリスでは「国民ＩＤカード」が廃止に
マイナンバーカードの情報漏れ、政府は責任を負わない!?

第三章　マイナ保険証のどこが「便利」なのかわからない！

マイナンバーカードのメリットとデメリット

国は「こんなに便利！」と言うけれど……
結局2万円のマイナポイントが普及の決め手に
国民に不便を強いて「マイナ保険証」を強制

政府が進めるＤＸの正体

日本はデジタル後進国
何もしないと「２０２５年の崖」から落ちる!?

ＤＸに望みをかける日本政府
医療ＤＸが日本復活の鍵になる!?
デジタル弱者が切り捨てに
土建の公共事業からデジタルの公共事業へ

第四章　頭を抱える医療の現場　107

どのようにして健康保険証の廃止は決められたのか？
突然の河野大臣「健康保険証廃止」会見
「マイナ保険証の3大メリット」は、ホントにメリットなのか？
患者から見ると、何が変わる？
「マイナンバーカードは健康保険証としてずっと使える」はウソ
現行の健康保険証より不便になる？
紛失したら、再発行に1～2カ月かかる
医師をはじめ、拙速な政策に抗議の声
システム導入のコストが現場へ

厚生労働省は「地域の病院に行け」と言うけれど……
患者には「健康保険証も持ってきてください」
これで保険証廃止は無責任すぎる！
厚労大臣も「健康保険証を持参して」
救急車ではマイナ保険証は使えません
医療情報流出の危険性
医師たちが国に対して訴訟を起こす

第五章　介護現場は悲鳴をあげている　145

「健康保険証」が廃止されたら、施設はお手上げ！
薬をもらうために大量の「マイナ保険証」と「暗証番号」を持ち歩く？
「マイナンバーカード」の管理ができない施設が9割以上
「在宅介護」では、施設よりもカード紛失リスクが高くなる？
国も介護支援専門員も自治体も、1人暮らしの老人のケアには後ろ向き
「暗証番号なし」のマイナンバーカードって？

現行の保険証と変わらない「資格確認書」
社会保障で救うべき人たちを切り捨てる「健康保険証」の廃止

第六章　健康保険証の廃止で、医療崩壊が始まる　165

ありえない法改正！
数の力で国民生活を無視
「誰一人取り残さない」制度から、情報弱者を置き去りにする制度に変更
「資格確認書」を不便にして、「マイナ保険証」に誘導？
気づかぬうちに財産情報が筒抜けに

「国民皆保険制度」崩壊の危機
5年後には無保険者が急増!?
若者の「公的保険離れ」が進む？
75歳以上は保険難民になる！

なぜ日本のＩＴ政策はことごとく失敗するのか
コロナで露見、日本のＩＴオンチ度と業者との癒着

ＩＴでコロナを封じ込めた台湾との違い
60年かけてＤＸをなしとげたフィンランド
「あすなろ村の郵便局」という夢物語

座談会　「健康保険証」廃止の撤回を！――全国保険医団体連合会と語る 193

「医療ＤＸ」で医療の標準化、画一化を促進
民間に個人情報を活用させる
地域での連携ネットワークを活かそう
マイナ保険証で「不便になりますね」という声
「ＨＥＲ-ＳＹＳ地獄」で苦しむ現場
「マイナ保険証」で廃業に追い込まれる
日本から「Dr.コトー診療所」が消えていく！
ビジネスを意識した医療ＤＸ

あとがき 219

第一章　「マイナンバーカード」の正体

◎「２０２４年秋、健康保険証廃止」の衝撃

２０２３年６月２日、私たちの生活を大きく変えてしまうかもしれない法案が成立しました。「改正マイナンバー法案」です。この法案の問題点はいくつもありますが、なかでも私たちにとって大きい点は３つです。

・従来の「健康保険証」を廃止して、マイナンバーカードに一本化する。いわゆる「マイナ保険証」の実質的な義務化。
・これまで社会保障、税、災害対策の３分野に限っていたマイナンバーの利用範囲を拡大し、さらに法律の規定に「準ずる事務」にも広げたこと。

・年金口座も、自分から不同意を示さないと、マイナンバーにひも付けられるようになったこと。

ひとつひとつについては、後に詳しく述べますが、なかでも多くの人々が不安に思ったのは、来年（2024年）の秋には、私たちが60年間も使ってきた「健康保険証」がなくなってしまうことでしょう。

これまで「健康保険証」を使ってきて、大きなトラブルに巻き込まれたり、著しい不便を感じたりした人は少ないと思います。それをなぜ廃止しなくてはならないのか？　そんなに「マイナ保険証」は便利なものなのか？　こんな疑問が浮かんでくるのは当然だと思います。

実際、この「マイナ保険証」は、医療機関や介護の現場からさまざまな問題点が指摘されています。それなのに、政府は強引に、これまでの「健康保険証」を廃止してまで、マイナンバーカードを押し付けているのです。

■「マイナ保険証」って何？

そもそも「マイナ保険証」とは、マイナンバーカードに、「健康保険証」の機能を持たせたものです。2025年3月末までには運転免許証の機能も、マイナンバーカードに集約されます。将来は、医師や看護師などの国家資格証、母子健康手帳なども一枚のカードで利用できるようになります。

つまり、多くの個人情報に一枚のカードからアクセスできるようになるわけです。政府は、これによってさまざまな手続きが便利になる、と主張しているのですが、はたしてそうでしょうか。

というのは、マイナンバーカードは、安全性（セキュリティ）と公平性（デジタル格差）において、大きな問題を抱えているからです。

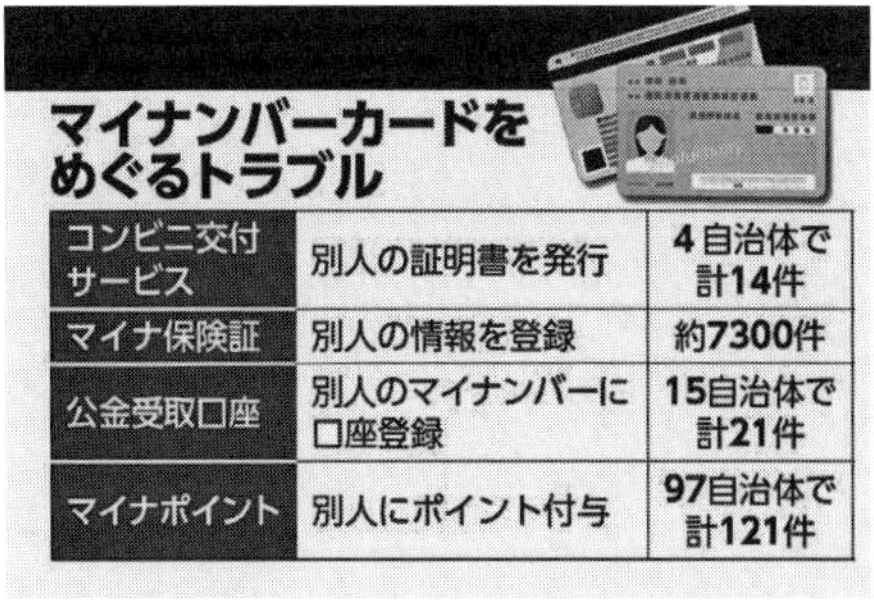

マイナンバーカードをめぐるトラブル

コンビニ交付サービス	別人の証明書を発行	4自治体で計14件
マイナ保険証	別人の情報を登録	約7300件
公金受取口座	別人のマイナンバーに口座登録	15自治体で計21件
マイナポイント	別人にポイント付与	97自治体で計121件

著者作成(2023年6月)

図1

■７３００件超！ 別人の情報が誤登録

いま、新聞などのメディアでは、連日のようにさまざまなトラブルが発覚しています(図1)。

なかでも多いのが誤登録です。「マイナンバーカード」を機能させるためには、氏名、住所などにはじまる個人情報をデジタル化する必要がありますが、その情報は、いったん紙で提出されたものを、自治体の窓口などで職員が、手で入力しています。そのために、トラブルが多発しています。

マイナ保険証の誤登録はいまわかっているだけで７３００件以上にものぼります。

■「消えた年金問題」と似た構造

これは、２００７年に起きた「消えた年金問題（年金記録問題）」と構造が似ています。「消えた年金問題」は、基礎年金番号で、それまで紙台帳等で管理していた年金記録をコンピュータに転記する際に、正確に転記されなかったなどのミスが重なり、約５０００万件の年金記録が誰のものかわからなくなってしまったという事件です。

この事件で、当時首相だった故安倍晋三氏は、「早期に解決し、最後のおひとりまでチェックして正しい年金をきちんとお支払いします」と約束しましたが、最終的には約２０００万件の年金記録が持ち主不明のままにされています。

マイナンバーカードでも同様のケースが目立ちます。

これに対して政府は、「総点検本部」を設置し、「マイナポータル」で閲覧できる計29項目の全データを点検する方針を示し、自治体など約3600に及ぶ機関に指示を出し、秋までにマイナンバーと正しい情報がひも付いているか、点検を終えるとしています。

ただ、これは指示しただけで終わってしまう可能性も高いでしょう。河野太郎デジタル大臣は各機関に命令をくだすだけで、実際に膨大な作業を行わされるのは自治体などです。のちに紹介するように、自治体の長からも「国は、金も人手もない自治体に、ただ丸投げするだけだ」という声があがっています。これも「消えた年金問題」の悪夢を連想させます。

■これからが本番？ 情報流出

誤登録の問題は、ほんの入り口に過ぎません。これからさらに深刻な問題になると思われるのが、情報流出です。

そもそも、マイナンバーカード推進の本家本元であり、個人情報が漏れることなどあってはならないセキュリティの総本山であるデジタル庁でさえも、２０２２年に、法人向けオンライン行政サービスの「ＧビズＩＤ」で２社２６２名の個人情報漏れを起こしています。しかも同庁は２０２１年にも４００名の情報漏れを引き起こしているのですから、なにをかいわんや。すでに日本は、個人情報ダダ漏れ国家といっても過言ではありません。

こうした中、２０２３年６月19日に、政府の個人情報保護委員会がデジタル庁に立ち入り検査を始めた、と報じられました。ただ、立ち入り検査を行う個人情報保護員会も、受けるデジタル庁も、担当は同じ河野大臣です。これでは、本格的にメスを入れるのは難しく、結局はパフォーマンスやガス抜きに終わるのではないかと危惧されています。

こんな杜撰《ずさん》なセキュリティ体制で、政府は、今後、マイナンバーカードを使ってこれまで以上に多くの個人情報を利用しようとしているのです。

■デジタル化先進国でも大事件に

この情報流出は、海外でも大きな問題になっています。詳しくは第二章で紹介しますが、日本以上にデジタル化が進んでいるシンガポールでも、2018年、約150万人の医療情報が流出する大事件が起きました。

またアメリカでも、過去に社会保障番号の流出で、2年間で約1170万人が詐欺被害にあい、被害総額は2兆円相当にものぼったこともありました。

そのため、各国で行き過ぎたデジタル化を見直す動きが出ているのです。

◎ここだけは押さえたい「マイナンバーカード」の基本

まず、お手元のマイナンバーカードを見てください（図2、3）。

表面には、氏名、住所、生年月日、性別の基本データに、顔写真。そして、有効期限、セキュリティコードなどが記され、臓器提供の意思表示欄もあります。

実は、大事なのは裏面です（図3）。

上の方には、12桁の「マイナンバー」が記されています。ケースに入れると、マイナンバーの部分は読み取れないように目隠しされています。下の方にはQRコードもありますね。

しかし、マイナンバーカードのいわば本体は、マイナンバーの左にあるＩＣチッ

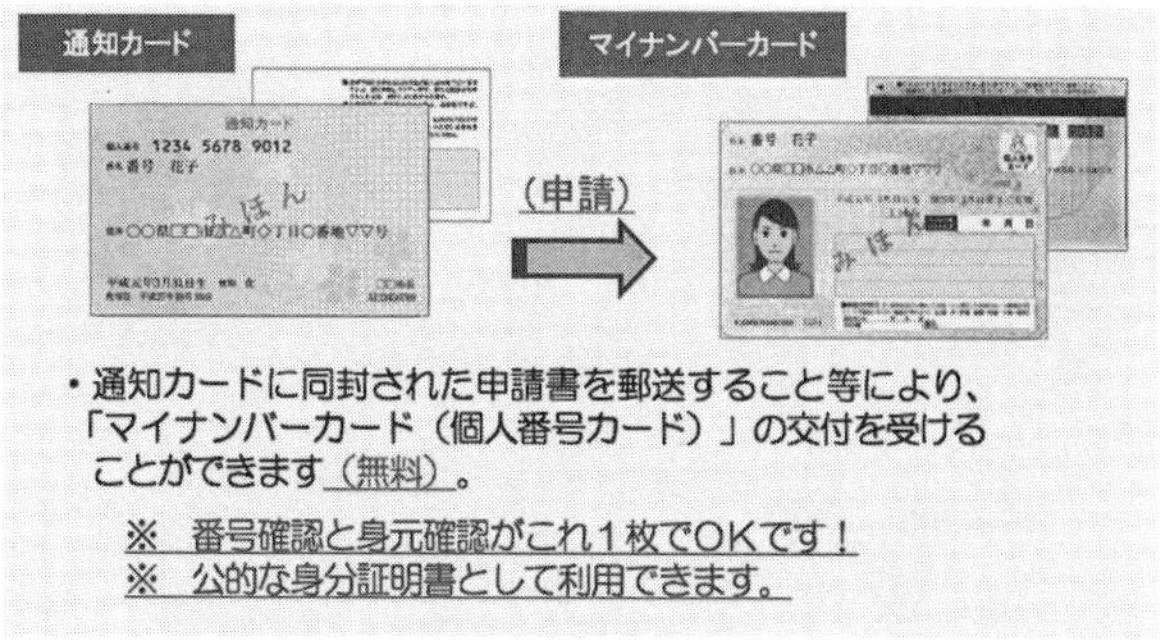

内閣府の資料より

図２

プです。といっても、ＩＣチップそのものに、多くの個人情報が入っているわけではありません。

実は、このＩＣチップは、インターネットなどにアクセスして、個人情報を引き出す「鍵」の役割を果たしているのです。

詳しくは後で述べますが、いま、日本政府は個人情報を幅広く集め、官だけでなく民間ビジネスにも活用しようとしています。そのため、政府は「マイナポータル」という専用サイトをつくり、そこからさまざまな個人情報を集められるようにしています。マイナンバーカードのＩＣチップは、マイナポータルという個人情報の倉庫に入る鍵だと考えてください。

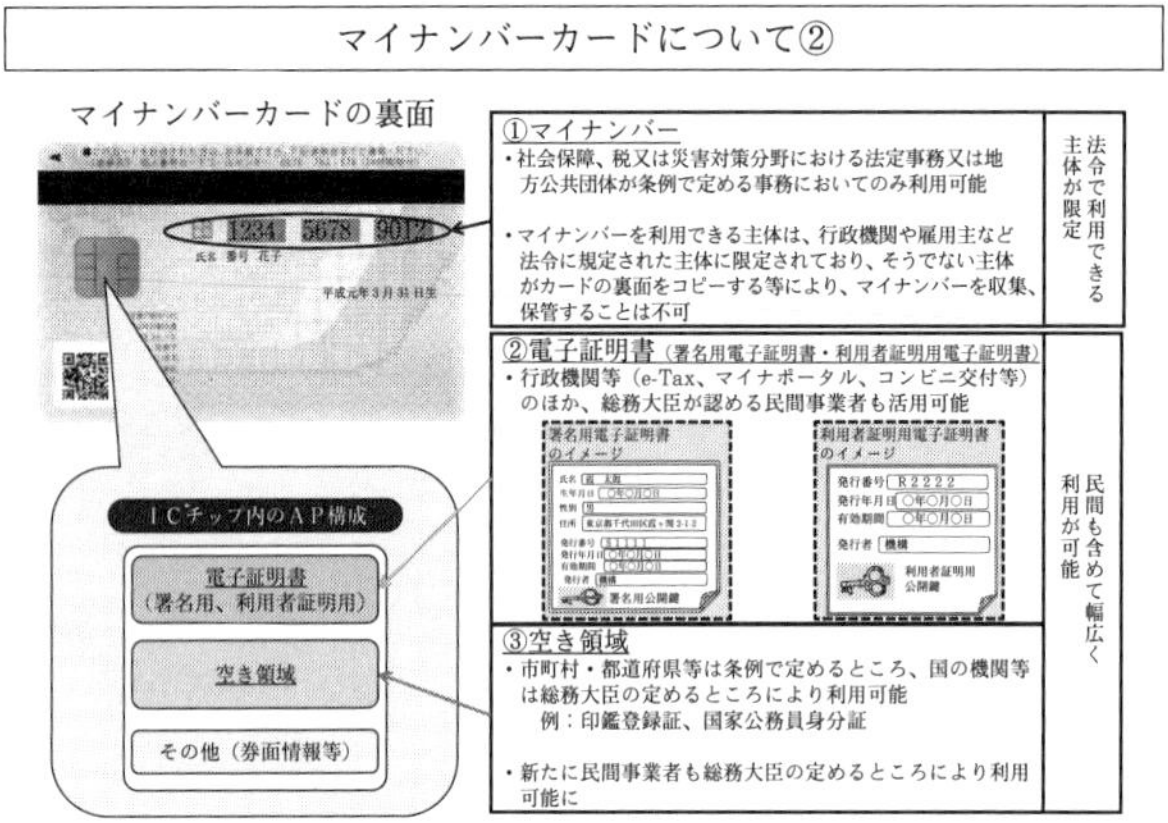

総務省 HP より

図３

たとえば、マンションを買う契約をするときには、実印が必要になります。その場合、印鑑だけではなく、それが実印であることを証明する印鑑証明書も必要になります。マイナンバーカードのＩＣチップには、この印鑑証明書の役割をする「鍵」が入っているのです。

またＩＣチップには空き領域があります。そこには地方自治体や総務大臣が定める独自サービスのための情報が、これから追加されていきます。

一言でいえば、マイナンバーカードとは「本人証明書」と個人情報の倉庫に入る「鍵」です。本人であることに公的機関がお墨付きを与える制度で、これがあれば、自分が誰であるかが証明できると同時に、その人個人の情報が見られます。

これまで本人確認の際には、運転免許証や健康保険証、パスポートなどがつかわれてきました。基本的には政府は、その本人確認の機能を、マイナンバーカードに集約しようとしているのです。健康保険証の廃止も、その一環と考えられますが、そこには大きな問題があります。

それを説明するには、そもそも「マイナンバーカード」と「マイナンバー」の違いについて述べておく必要があるでしょう。

■「マイナンバーカード」と「マイナンバー」はまったくの別物

「マイナンバーカード」とはなにか、と聞かれたら、多くの人は、単純に「マイナンバー」をカードにしたものだろうと答えるのではないでしょうか。無理もありません。後にみるように、国も「マイナンバーカード」と「マイナンバー」をあえて混同させるような説明をしてきたからです。

ところがここに大きな落とし穴があるのです。「マイナンバーカード」と「マイナンバー」は、目的も、性格も異なる、まったくの別物なのです。

両者を簡単に比較してみましょう。

○マイナンバー

・日本に住む住民（外国人を含む）に強制的に割り当てる12桁の番号

・主な目的は行政の効率化

・使用者は公的機関（国、自治体などの各機関）に限定

・暗証番号は、英数字混合の6～16桁で、本人が設定

・マイナンバーを記した通知カードは自宅に保存、番号は本人だけが保持

・トラブルが起きたら、国が責任を持つ

○マイナンバーカード
・希望者が任意で持つ
・目的は、本人の同意のもとに個人情報を活用すること
・民間も利用
・暗証番号は簡易（4桁の数字）
・身分証明カードとして持ち歩く
・トラブルは原則として自己責任

■知っているようで知らない「マイナンバー制度」

まず「マイナンバー」からみていきましょう。一言でいえば、「マイナンバー」

は、すべての国民に割り振られた番号です。

２０１５年10月５日、住民票を持つ日本国内の全住民に、１人にひとつ、12桁の個人番号が割り振られました。これが「マイナンバー」です。マイナンバーは、本人が希望する、希望しないにかかわらず、国から強制的に与えられ、生まれてから死ぬまで、その人に一生涯付いて回る「個人番号」です。外国人でも、日本に住民票があると、マイナンバーを取得することになります。国民全員に番号をつけるので、「国民総背番号制度」などという人もいます。


２０１６年１月からは、この「マイナンバー」を利用した、行政のデジタル化がスタートしました。

行政のデジタル化とは、いままで非効率だった行政の業務を、デジタルを導入することで効率よく進めていくというものです。

全国民に番号を割り振り、引越しや結婚などで住所や姓が変わっても、この番号ですぐに変更の手続きができるようにしました。たとえば、会社員であれば、会社の社会保険などへの届出や、会社が源泉徴収票を作成するときに、この「マイナンバー」が使われています。

このマイナンバーを「利用できる主体」は、法令で行政機関や雇用主と定められています。当初は使用の目的も、社会保障、税、災害対策に限られていました。だから、なにか情報流出などのトラブルがあった場合、１００％、国が責任を持ちます。

もし、悪意のある人がマイナンバーを手に入れたとしても、利用主体が公的機関に限られ、民間では利用できないため、銀行の架空口座をつくったり、財産を狙ったりすることはできません。

また、万が一マイナンバーを知られてしまったとしても、それだけで個人情報が芋づる式に漏れるということもありません。それは「個人情報の分散管理」が行われているからです。

マイナンバーの、個人情報を保有するのは、それぞれの行政機関です。もし他の機関が、個人情報が必要となった場合、マイナンバー法で規定されている事務に限り、「情報提供ネットワークシステム」を使用して、情報の照会・提供を行うことになっています。「マイナンバー」では、国は、国民の情報を一元的に管理することはできない仕組みになっているのです（図4）。

これは、「マイナンバー」に先立つ「住基ネット」の教訓です。住民基本台帳に基づく「住基ネット」では、国が一元的に国民を管理しようとするのは違法だということで、至る所で裁判が起き、住基ネットに不参加を表明する自治体なども出てきて大騒ぎになりました。

こうした痛い経験があったので、国は「マイナンバー」の導入に際しては、最初から特定の機関に個人情報が集約されないよう、それぞれの行政機関が個人情報を分散して管理することにしたのです。これが「マイナンバー制度」です。

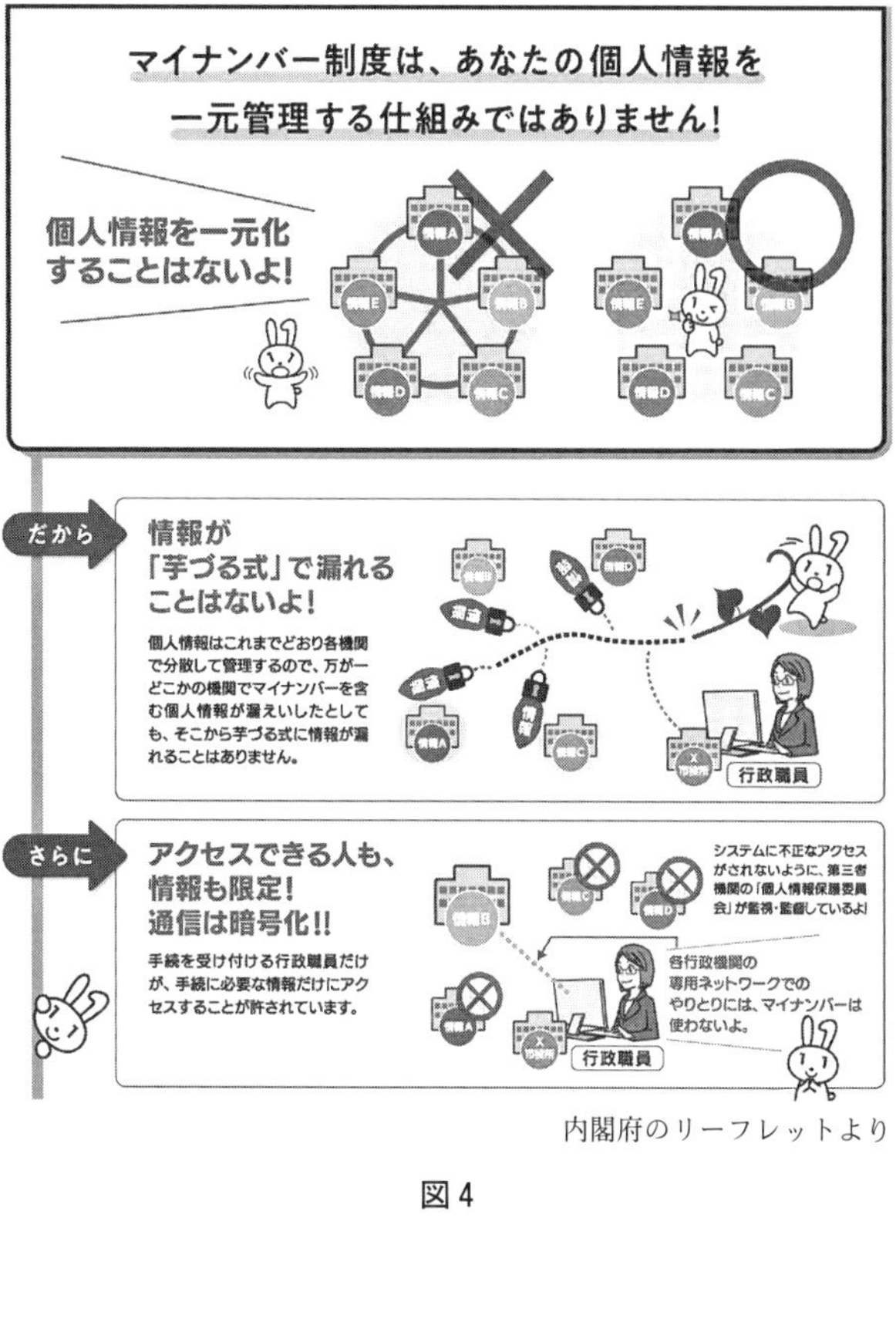

内閣府のリーフレットより

図4

■利用範囲が「なんでもアリ」に

ただし、冒頭で述べたように、2023年6月2日のマイナンバー法の改正で、これまで社会保障、税、災害対策の3分野に限られていたマイナンバーの利用範囲を拡大し、さらに法律の規定に「準ずる事務」でもOKということにしました。法律の規定に「準ずる事務」というのは、いくらでも解釈で広げることができます。実際には、なんでもアリになったということでしょう。

しかも「マイナポータル」経由で様々な情報が取れるようになると、そこにアクセスできる企業も増えてくるでしょう。そうなると、なりすましやハッキング、マルウェアなどの被害が増える可能性があります。

こうした被害にあった時には、誰が助けてくれるのでしょうか？

■「マイナンバー制度」3つの目標（政府の説明）

政府の説明（図5）によると、このマイナンバー制度には3つの目標があります。

・行政の効率化。
デジタルで事務処理が効率的にできるだけでなく、行政機関や地方公共団体など複数の機関での連携が可能となり、行政で効率的な情報管理が可能となります。

・国民の利便性の向上。
複数の機関との連携が進むことで、添付書類など行政に関する手続きを簡素化することができ、結果、国民の利便性の向上にもつながります。

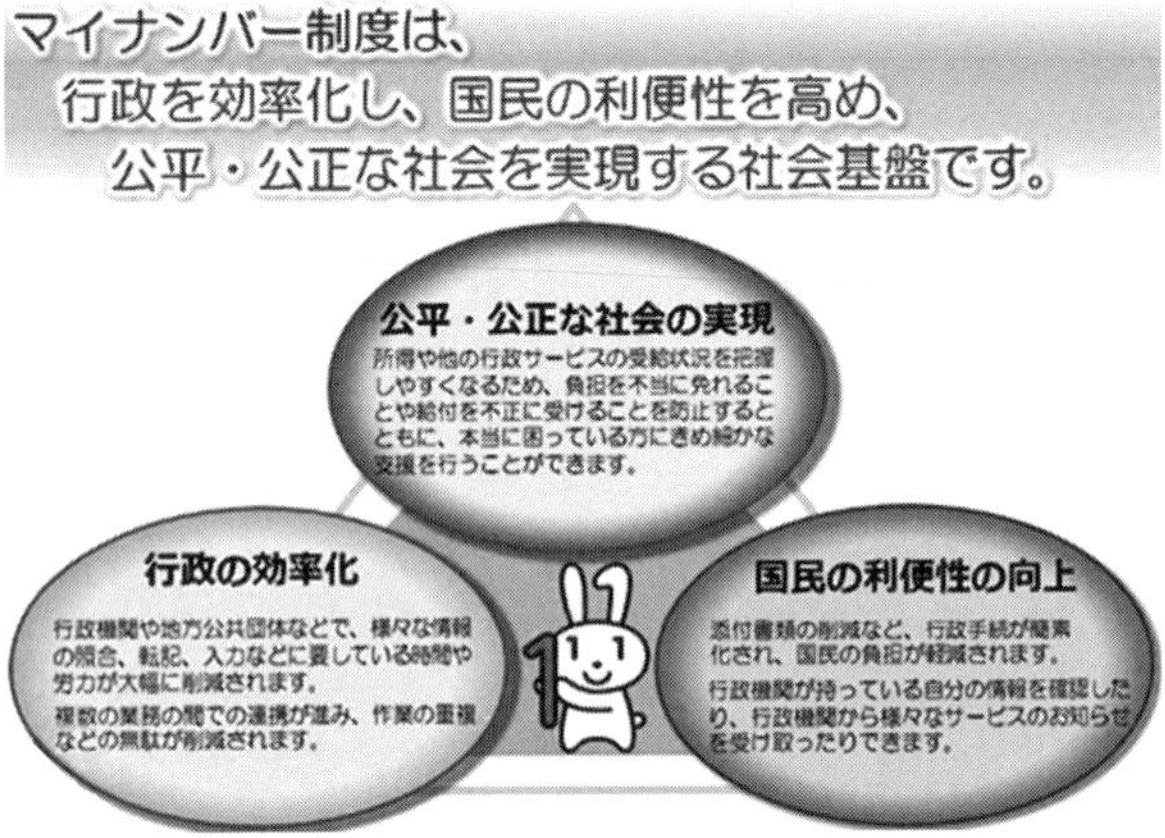

総務省 HP より

図 5

・公平・公正な社会の実現。

国民一人ひとりがマイナンバーを持つことで、不正受給や税負担逃れなどの不正行為を防ぎやすくなり、公平・公正な社会に近づくことが可能となります。

以上が、「国のタテマエ」です。では「国のホンネ」はどこにあるのでしょうか。

■「マイナンバー」の目的はズバリ「国民の財産の把握」！

「マイナンバー制度」をやはり一言でい

えば、「社会保障・税番号制度」です。そのいちばんの目的は、国民の財産の把握です。

国は、誰が、どこで、どれくらい稼いでいるのかという情報から、課税したり社会保険料を徴収したりしています。

しかし、個人のすべての収入を把握することは、実は簡単なことではありません。月曜日と火曜日は北海道で仕事をして報酬をもらい、水曜日と木曜日は九州で仕事をして報酬をもらい、金曜日、土曜日、日曜日と別々の会社で働いて報酬をもらうというような人がいたら、この人の報酬をすべて割り出して、税金をかけるのは至難の業です。

けれど、その人だけにしかつけられていないマイナンバーがあれば、その数字を入力しただけで、いつ、どこで、どれくらい稼いだかということは、一目瞭然にわかります。この作業を「名寄せ」といいます。不動産の取引や株の取引なども、税務署にマイナンバーを記入して申告すれば、この「名寄せ」で状況が正確にわかります。

もともと国税庁などは、個人名による「名寄せ」を行ってきましたが、国民全員に1つしかない番号を強制的につけたことで、より「名寄せ」の精度が上がりました。脱税や社会保険料逃れはできなくなるということです。

■あらためて「マイナンバーカード」って何？

では、「マイナンバーカード」の目的とはなんでしょう。第三章の「マイナンバーカードのメリットとデメリット」で詳しく述べますが、ここは一言でズバリ、「社会のデジタル化（DX）の促進」です。

——マイナンバーカードを利用して、さまざまなものが「公的個人認証」できるようになれば、デジタル化が一気に進む。これまで必要だった対面の手続きや、本人証明書類の郵送などによる本人確認も必要なくなる。オンラインによる公的サービスや民間サービスの利用、銀行口座の開設、クレジットカードの申込みも、よりスムーズにできる。社会全体がデジタル化された状況になれば、私たちの暮らしは飛躍的に便利になる――。これが政府の主張です。

だから、利用主体は公的機関に限られません。銀行やカード会社、医療機関なども広く利用できる仕組みです。逆にいえば、悪意ある人が「マイナンバーカード」を入手し、なんらかの手段で、暗証番号を割り出したら、個人の財産や健康などの重要な個人情報が危険にさらされることになります。

すでに2018年1月から、任意ではありますが、銀行口座とマイナンバーカードのひも付けは始まっていて、政府は、いずれは銀行のキャッシュカードやクレジットカード機能もマイナンバーカードにひも付けることを計画しています。

■「強制」か「任意」か

また、「マイナンバー」と「マイナンバーカード」の大きな違いは、それが「強制」か「任意」か、というところにあります。

マイナンバー法第16条の2第1項では、「住民基本台帳に記録されている者の申請に基づき、その者に係る個人番号カードを発行するものとする」と『任意取得の原則』を定めています。

つまり、「マイナンバーカード」は、あくまでも本人が希望して、つくるものです。「マイナンバー」のようにすべての人に強制されるものではなく、自分から手を上げ、同意のもとでつくられる「任意」のカードなのです。

ここは重要なポイントです。マイナンバーは国による強制だからこそ、利用主体も、目的も公的なものに限られ、セキュリティも厳重でした。

それに対して、マイナンバーカードは、いろいろな用途に拡大しやすくするため、セキュリティも緩く設計されています。だから、本人の同意が必要なのです。国は、「リスクもわかったうえで、自己責任で、このシステムに参加を決めましたね」と国民に迫っているのです。

■事実上の強制？

そこで大きな問題になるのが、マイナ保険証です。単に健康保険証とマイナンバーカードを、「任意」に結びつけるのであれば、まだわかります。ところが、2022年10月、河野デジタル大臣が健康保険証の廃止を発表したことで、話は大きく変わってきました。

つまり、あくまで国民の自発的な希望にもとづいて取得されるはずの「マイナンバーカード」が、それを持っていなくては、保険による医療が受けられないことになってしまったのです。これは事実上の強制にほかなりません。

■マイナンバーカードには「立法事実」がない!?

ややや専門的になりますが、マイナンバーカードがなぜ「強制」ではなく、「任意」のものになったのかについて、マイナンバー制度の設立に関わった水野雅子弁護士が興味深い発言をしています。

「カードがなくてもマイナンバー制度は成り立ちます。国民の権利義務を定めるのが法律なので、カードの取得を義務化するなら、法律でそう書く必要があります。しかし、日本には、身分証明書の携行が常に求められるような社会不安はない。マイナンバーカードの取得を義務づけねばならないという立法事実がなかったということだろうと思います」（2022年12月14日付朝日新聞）

法律をつくるさいには、その法律がなくてはならない切実な現状が背景になければなりません。「立法事実」とは、法律などをつくるときに、その法律や条例の必要性や正当性を裏付ける理由で、裁判になったときに、憲法違反ではなく、法律上で矛盾していないことが証明できる理由です。

つまり、法律で国民に「マイナンバーカード」をつくることを「強制」しなくてはならないような切実な必要性がなかった。だから、「任意」にせざるをえなかったというわけです。

また、券面に顔写真や生年月日などが出ているというプライバシーの問題もあり、住基カードの時のようにプライバシーの侵害で訴えられる可能性もあったので、「強制」ではなく「任意」で切り抜けようとした、ということも考えられます。

もしかしたら、最初は「任意」でスタートし、ほとんどの人がこのカードを持っていろいろなことに使うようになると、それを「立法事実」として、「強制」に切り替えればいいといった思惑もあったかもしれません。

内閣府「15歳から学ぶマイナンバー」より

図6

■政府は「マイナンバー」と「カード」をわざと混同させている？

たとえば、内閣府が出している「15歳から学ぶマイナンバー」という子供向けの説明の中に、上のようなマンガがありました。

これを見た15歳は、「学生がアルバイトするときにはマイナンバーカードを見せなくてはいけないのだ」と思うことでしょう。けれど、アルバイトをするのに「マイナンバーカード」は必要ありません。「マイナンバー」がわかればいいのです。

マンガでは、店主が「明日は通知カードかマイナンバーカードを持ってきてね」と言っています。「通知カード」とは、みんなに1人1つのマイナンバーが振られた時に、「あなたの番号は〇〇〇〇番です」と通知するために送られたカード。2015年10月頃に、全員に送られてきているはずです。

15歳の子供なら、小学校に入るか入らないかぐらいの時で、たぶん親に送られているだけなので、ふだんは見たこともないでしょう。

そこに「バイト先で見せるんだ」と顔写真付きのマイナンバーカードが描かれるのです。これを見たら「マイナンバー」と「マイナンバーカード」は同じもので、「マイナンバーカード」がないとアルバイトができないと、勘違いする子供が多いのではないでしょうか。

本来なら、「マイナンバー」と「マイナンバーカード」は別物だと教えなくてはいけないのに、15歳の子供に、まるで同じもののような教え方をするというのは、何か魂胆がある気がするのは、私だけでしょうか。

■河野大臣の「名前を変えた方がいい」発言

2023年7月2日のNHK「日曜討論」で、河野大臣が「マイナンバー制度とカードが世の中で混乱している。次の更新でマイナンバーカードという名前をやめた方がいいのではないか」と発言しました。

「マイナンバー制度（マイナンバー）」と「マイナンバーカード」が違うというのは事実ですが、今まで散々、「行政のデジタル化にはマイナンバーカードが必要」と言い続け、「マイナンバー」をカードにしたものが「マイナンバーカード」なので、国民全員が持つべきだという誤った認識を振りまいてきたのは、ほかならぬ政府です。その責任を、河野大臣はどう釈明するのでしょう。

第二章

マイナンバーカードは本当に安全か？

◎本当に個人情報は漏れないのか？

デジタル庁の調査によると、マイナンバーカードをつくらない人の理由の第1位は「情報流出が怖いから」、第2位は「申請方法が面倒だから」、第3位は「マイナンバーカードにメリットを感じないから」でした（2022年1月25日～2月4日）。

政府は「マイナンバーカードは安心」と言いますが、やはりマイナンバーカードについて、人々が感じている最大の不安はセキュリティなのです。

そしてセキュリティの問題は、マイナンバーカードの利用範囲が広がれば広がるほど、普及すれば普及するほど増大していきます。

マイナンバーに関しても、当初は利用範囲を社会保障、税、災害対策の3分野に限定していたのに、第一章でふれたように、わざわざ法改正して、もっと多くのところで使えるように利用範囲を広げていこうとしています。

しかも日本の場合には、マイナンバーカードで、医療情報に限らず、印鑑証明や運転免許証、パスポートまで、すべて管理できるようにしていこうというのですから、なりすましやハッキングにあえば、ひとたまりもなく個人情報が丸裸になるという事態が起きます。さらに、そこに民間業者まで絡んでくるため、事態は複雑かつ収拾困難になる可能性があります。

■ICチップにはどんな情報が入っている？

それがどういうことなのか、わかりやすく説明しましょう。

政府は、「マイナンバーカードは常に携帯してください」といいます。そして、たとえ落としたとしても、それほど心配ないというアナウンスを繰り返しています。

総務省「マイナポイント事業」HPより

図7

総務省のサイトを見ると、「マイナンバーカード」のICチップには、プライバシー性の高い情報は入っていないし、マイナンバーを見られても他人は悪用できないと書いてあります（図7）。だから、持ち歩いても大丈夫だというのです。

確かに、ICチップの中には、プライバシー性の高い情報は入っていません。ただ、このICチップは、個人情報の扉を開ける鍵ですから、この鍵で開けた先のマイナポータルには、個人情報がたくさん入っているのです。

そして、このＩＣチップと４桁の暗証番号があれば、本人になりすまして簡単にマイナポータルに入ることができるのです。

■あなたのマイナンバーカードが狙われる？

落としたり、盗まれたりして、あなたのマイナンバーカードが良からぬ人の手に渡ったとしましょう。そこには、名前や性別だけでなく、住所も記され、顔写真もついています。持ち主が、どこに住んでいる誰で、どんな顔をしているのかまで、一目瞭然でわかってしまうということです。

たとえば暗証番号にしても、あまりに複雑なものや、単に無意味な数字は覚えるのが難しい。そこで「安易かな」と思いつつも、つい生年月日や電話番号などを使ってしまう人も少なくないでしょう。

生年月日はさすがに避けるとしても（マイナンバーカードには生年月日も記されて

います）、電話番号も安全とはいえません。マイナンバーカードには、住所と名前が書かれているので、有料の番号案内やネット検索で、電話番号がわかる可能性は高いのです。

個人宅の電話帳の発行は、２０２３年2月に終了しましたが、家の電話番号はめったに変えるものではないので、過去の電話帳でも、電話番号を調べることはできます。

さらにいえば、「なりすまし」の危険性もあります。マイナンバーカードで名前、住所、電話番号、生年月日がわかれば、電話をかけて、「税務署のものですが、◯◯にお住まいの××さんですよね。△年△月生まれの」と言われ、うっかり信じて、暗証番号を聞き出されてしまった、というケースもありえます。

■マイナンバーカードに「絶対安全」はない

日本は、ヨーロッパなどに比べると個人情報に対してガードが低いので、「自分の情報が多少漏れたとしても、そんなに生活に影響はないだろう」とタカをくっている人が多いようです。

しかし、将来的には、マイナンバーカードで本人になりすまされ、銀行口座を作られて悪用されたり、キャッシュカードやクレジットカードをつくられてお金を引き出されるといった犯罪が起きる可能性は低くないでしょう。

またマイナンバーカードと暗証番号があれば、本人の実印を持っているのも同じなので、本人になりすまして不動産の名義を変えたり、遺産相続したりといった事件も起こりえます。

特殊詐欺のニュースが日々、世をにぎわせていますが、デジタル化の進展とともに、そのデジタル情報を不正に入手し利用する〝技術〟も向上しています。

政府は、根拠のない「絶対安全」を訴えるよりも、起こり得るリスクを国民に提示し、対策を講じ続けるべきでしょう。

総務省「マイナポイント事業」HPより

図8

■「顔認証なら本人だとわかる」ので安心？

政府は、「マイナンバーカードには顔写真がついているので、簡単には本人になりすますことはできない」と宣伝しています（図8）。

ただ、これを悪用するケースも出てきています。他人の「マイナンバーカード」の顔写真の上に、巧妙に自分の顔写真を貼って、本人になりすましてしまうケースです。

皆さんは、消費者金融でお金を借りる時の仕組みをご存知ですか？

お金を借りるのに、対面だとバツが悪いという人向けに、無人で審査をしてお金を貸す仕組みがあります。これは、申込みからカード発行まで、タッチパネルを操作するだけで、その場でオペレーターに相談しながら手続きできるシステムです。「無人で審査」といっても、オペレーターが別の場所で見ていて、提示されたマイナンバーカードや運転免許証などの顔写真を、本人と照合しています。

実は、私の知人で、顔写真付きの身分証明書を盗まれ、顔写真を盗んだ人の顔写真に貼り替えられ、なんと２５０万円ものお金を消費者金融から借りられてしまった人がいます。

幸いなことに、彼は情報関連の仕事をしていたので、急いで警察に被害届を出し、信用情報の収集・管理・提供・開示をしている指定信用情報機関に自分の個人情報を請求して、どこかで使われていないか調べ、犯人が消費者金融からお金を借りていることを突き止めました。

そして、犯人がカードを作った消費者金融に出向いて説明し、再び犯人がお金を借りに来たところを捕まえてもらいました。

犯人は、すでに不正に消費者金融から２５０万円を借りていましたが、捕まったことで金融機関から戻ってきました。

「もし、手を打つのが遅かったら、危なかった。今は、カードを落としたと言って、実は裏で悪いやつと結託していくばくかの報酬をもらう人もいるので、金融機関も警察も、本当に落としたのか、疑ってかかりますから」

「マイナンバーカードなら顔写真がついているから、顔で本人確認ができるので安全だ」とは、言い切れない時代になっているのです。

■大臣が「顔認証の精度を上げろ」と号令すると、逆に精度が下がる!?

顔認証について取材する中で、びっくりするような事実に出会いました。ある病院に勤める女性が、勤務先にマイナンバーカードのカードリーダーがあったので、本当に顔認証がされるかテストをしたというのです。

同じ病院の同僚男性の「マイナンバーカード」をカードリーダーにのせ、女性が自分の顔をカメラにかざしたところ、なんと本人認証されてしまいました。それが顔のよく似た家族の写真ならまだ分かりますが（それでも本人証明という点では大問題ですが）、赤の他人の男性のカードでも、本人認証されてしまうというのですから、顔認証そのものが機能していないとしか思えません。

実は、この病院では、以前、マイナ保険証で顔認証ができないというトラブルがあり、業者が改善したという経緯がありました。そこで、再びトラブルが起きないように、誰の顔でも認証するように基準を最低ラインまで下げたのではないかと考えられます。

別人の顔で認証された、という例は、全国保険医団体連合会にも続々と報告されています。こうした事例があったクリニックのなかには「顔認証はできません」と張り紙をしているところもあります。

誰の顔でも認証できるようにしてしまえば、顔認証ができないというトラブルはたしかに減るでしょう。業者としては失点を減らすことができます。けれど、他人のカードで診察を受け、誤った治療をされた場合は命に関わります。誰の顔であろうが認証してしまうということは、絶対にあってはならないことです。

河野大臣は、2023年6月30日のフジテレビ系の朝の情報番組「めざまし8」に出演し、「顔認証がなかなかできないということが起きたときは、おそらく後ろから日が差していたり、顔が暗くなっていると、顔認証がしづらいということがありますので、そこは機械の方の精度を上げていくということも大事です」と言いました。

皮肉なことに、河野大臣が「トラブルを防ぐために顔認証の精度を上げろ」と業者に強く号令すればするほど、業者は、ペナルティーが怖いのでトラブルを起こさないように顔認証の精度を下げ、基準を緩くするようになってしまうということが、現実に起きているのではないでしょうか。

■総理が「総点検」させればさせるほど情報流出の危険が！

マイナンバーカードでは、あまりに自治体などの入力ミスが多いので、岸田首相は河野大臣らに命じて、「マイナンバーカード」の総点検をすると宣言。2023年の8月上旬には、中間報告をするよう指示しました。

これに対して、自治体からは「冗談じゃない」という声が上がっています。世田谷区の保坂展人区長は会見を開き、「目に見えないウイルスとの戦いに3年間、総力を挙げて取り組んだ。マイナンバーの不具合も、目に見えない人為的なミスやシステムのバグとの戦いなのかもしれないが、これに自治体の資源を短期的に集中させ、人海作戦で検証してくれというのは筋が違う。どう考えても不合理だ」と述べました。

つまり、金も時間もなく人も少ない自治体に、総点検を丸投げされても、とても対応できないということです。

ただ、保坂区長のように国に物申す首長は多くはいません。人材派遣会社に丸投げのところも目につきます。

いま人材募集の広告を見ると、次のようなものが山のように出ています（図9）。「未経験歓迎」「履歴書不要」「在宅勤務も可能」ということで、人材派遣会社が人を集めているのです。

「マイナンバーカード」の申し込み確認をするというのは、秘匿義務が高い仕事のはず。ところが、外部の、それも未経験者をバイトで使うだけでなく、履歴書がな

マイナンバーカードの申込確認

株式会社

東京都

直接応募: ×××××××

2 日前 1 時間 ￥1600

難しい作業一切なし！
人気の官公庁関係のお仕事◎

■未経験歓迎
■スキルもお金もしっかりGet!!
■働き方は自由自在☆
【ココがPoint】
□昇給あり！交通費支給！
□希望休の提出が可能！土日休みだって◎
□残業なし！プライベートの予定も立てやすい
□服装も髪色もネイルも自由
□駅近オフィスで通勤ラクラク！

【注目ポイント】
◆選べる◎登録選考会
『WEB面談』 or 『来社面談』
どちらでもご都合のよい方法でご参加OK♪
【写真・履歴書不要】で準備いらず♪

◆お仕事デビューを全力で応援
20～30代の方がメインで活躍中の職場が多数！
『電話対応なし』のお仕事や、 『在宅勤務』が可能なお仕事もご用意あり！

【お仕事内容】
安心安定の【官公庁ワーク】

アルバイト募集のホームページより

図 9

くてもいいというのは、どんな人が業務を行っているかというチェックもほとんどないということです。

しかも、「在宅勤務も可」です。個人の大切な「マイナンバーカード」の申し込み確認を、どこの誰かもわからない人が、自宅で行っているなんて、通常なら考えられないでしょう。もし、情報流出が起きたら、誰が責任を取るのでしょうか。

さらに、時給は他の募集を見ても１５００円から２０００円とかなり高くなっています。これは、はっきり言って私たちの税金です。

岸田首相や河野大臣が総点検させればさせるほど、現場は情報流出の危険性が高まるという、本末転倒なことになっているのです。

■マイナンバーとマイナンバーカードではセキュリティがこんなに違う！

第一章でも、マイナンバーとマイナンバーカードの違いについて述べましたが、ここでは、そのセキュリティについて、少し詳しく説明したいと思います（図10）。

「マイナンバー制度」では、その人が本人であることの証明に、2種類の証明書を使っています。「署名用電子証明書」と「利用者証明用電子証明書」です。

「署名用電子証明書」は、マイナンバーの12桁の数字を使うもので、その暗証番号は英数字混合の6～16桁と、外からハッキングされにくい厳重なつくりになっています。

しかも、マイナンバーは、役所での業務や、電子申告する時に国税庁とやりとりするといった、限られた場所でしか使われません。

たとえていうなら、窓のない厳重に警戒された部屋に、さらに入室時に厳しい身元チェックをされるようなものです。

しかも、この部屋は、政府が全力を挙げてガッチリとガードしているので、もし、

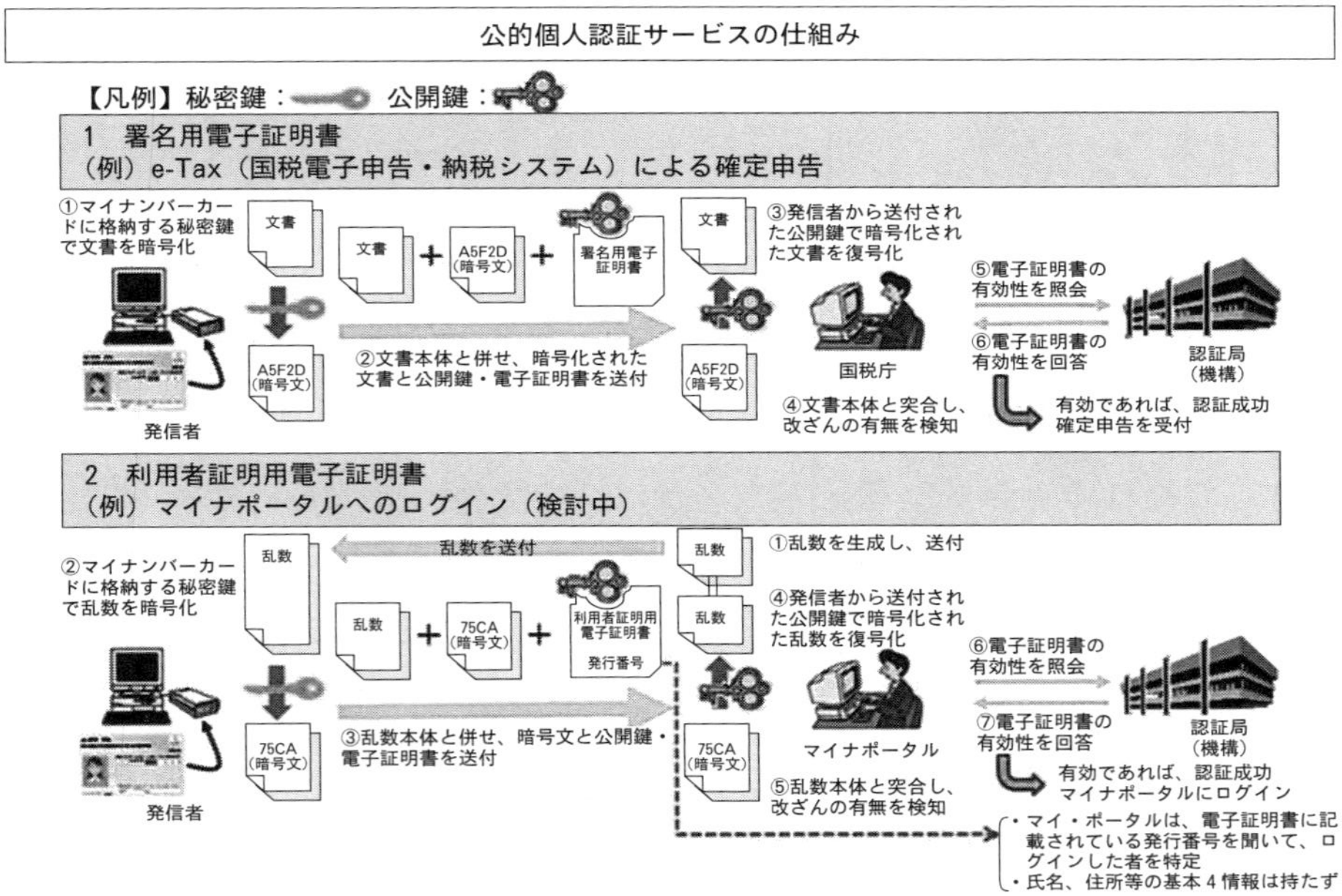
公的個人認証サービスの仕組み
【凡例】秘密鍵：　公開鍵：
1　署名用電子証明書
（例）e-Tax（国税電子申告・納税システム）による確定申告
①マイナンバーカードに格納する秘密鍵で文書を暗号化
文書
A5F2D（暗号文）
発信者
文書
A5F2D（暗号文）
署名用電子証明書
②文書本体と併せ、暗号化された文書と公開鍵・電子証明書を送付
文書
A5F2D（暗号文）
③発信者から送付された公開鍵で暗号化された文書を復号化
国税庁
④文書本体と突合し、改ざんの有無を検知
⑤電子証明書の有効性を照会
⑥電子証明書の有効性を回答
認証局（機構）
有効であれば、認証成功
確定申告を受付
2　利用者証明用電子証明書
（例）マイナポータルへのログイン（検討中）
②マイナンバーカードに格納する秘密鍵で乱数を暗号化
乱数
75CA（暗号文）
発信者
乱数を送付
乱数
75CA（暗号文）
利用者証明用電子証明書
発行番号
③乱数本体と併せ、暗号文と公開鍵・電子証明書を送付
乱数
乱数
75CA（暗号文）
①乱数を生成し、送付
④発信者から送付された公開鍵で暗号化された乱数を復号化
マイナポータル
⑤乱数本体と突合し、改ざんの有無を検知
⑥電子証明書の有効性を照会
⑦電子証明書の有効性を回答
認証局（機構）
有効であれば、認証成功
マイナポータルにログイン
・マイ・ポータルは、電子証明書に記載されている発行番号を聞いて、ログインした者を特定
・氏名、住所等の基本4情報は持たず

総務省HPより

図10

情報漏れが起きたら、政府が全責任を負います。

いっぽう、マイナンバーカードにあるＩＣチップは、「署名用電子証明書」のほかに、「利用者証明用電子証明書」を使っています。

マイナポータルへのログインや、マイナ保険証の利用、コンビニ交付などで使われ、こちらの暗証番号は、たった数字４桁です。

たとえていうなら、「マイナンバーカードの部屋」は、出入り口や窓がたくさんあって、ＩＣチップと４桁の暗証番号があれば、いつでも入れるのです。

なぜ、「署名用電子証明書」に比べて、マイナンバーカードの「利用者証明用電子証明書」によるセキュリティがこんなに緩いのかといえば、民間の業者でも使えるように利便性が優先されているからです。

◎情報先進国でも医療情報がハッキングに

そこで心配なのが、やはりセキュリティです。

本格的にデジタル化が進むと、自分になりすました誰かに医療情報を盗み見られて悪用されたり、民間から情報が漏れ出したり、といったケースは飛躍的に増えるでしょう。ことに医療情報は高値で売れる情報なので、ハッカーに狙われやすいのです。

医療大国シンガポールは、医療のデジタル化でも日本のはるか先をいっています。シンガポールは、２０１４年から、情報通信技術（ＩＣＴ）を活用し保健省管轄下で公的医療グループ・シングヘルスが医療情報を構築してきました。

患者やその家族がアプリを通して情報を共有するなど、デジタル技術で多くのものがつながる仕組みを構築しています。

このシステムに目をつけたハッカー集団が、２０１８年、シングヘルスに大規模なサイバー攻撃を仕掛け、リー・シェンロン首相をはじめ約１５０万人の医療情報が流出しました。首相がどんな薬を飲んでいるか、といった情報までが、ハッカーの手に渡ってしまったのです。

医療情報が国の元で一元管理されていたために、一度で大量の情報が盗まれたわけです。

日本の「マイナンバーカード」のように、公だけでなく民間などあらゆるところに接続していこうというシステムの場合、そのつなぎ目がもろいと、ハッキングだけでなく、ランサムウェアなどの悪質なウイルスを仕込まれる心配もあります。

ランサムウェアとは、「ランサム（Ransom＝身代金）」と「ソフトウェア（Software)」をつなげた造語で、システムを止めるなどの悪意あるウイルスを仕込み、解除する代わりに多額の身代金を要求する手口の犯罪です。

■いったんシステムに入り込まれたら多くの情報が漏れ出すリスク

日本の番号制度は、図のような「セパレートモデル」「フラットモデル」「セクトラルモデル」と分類されている中の「フラットモデル」にあたります。

行政分野をまたいだ情報連携が可能なので利便性が高いですが、その反面、「マイナンバーカード」のようなものを使うと、１つの番号で芋づる式に個人情報が引き出せるという弱点があります。

いっぽう、ドイツやフランスなど個人情報の管理が厳しい国では、各行政分野で別々の異なる番号が使われる「セパレートモデル」になっています。面倒ではありますが、個人情報が芋づる式に引き出されないという点で、「フラットモデル」よ

	セパレートモデル	フラットモデル	セクトラルモデル
形態	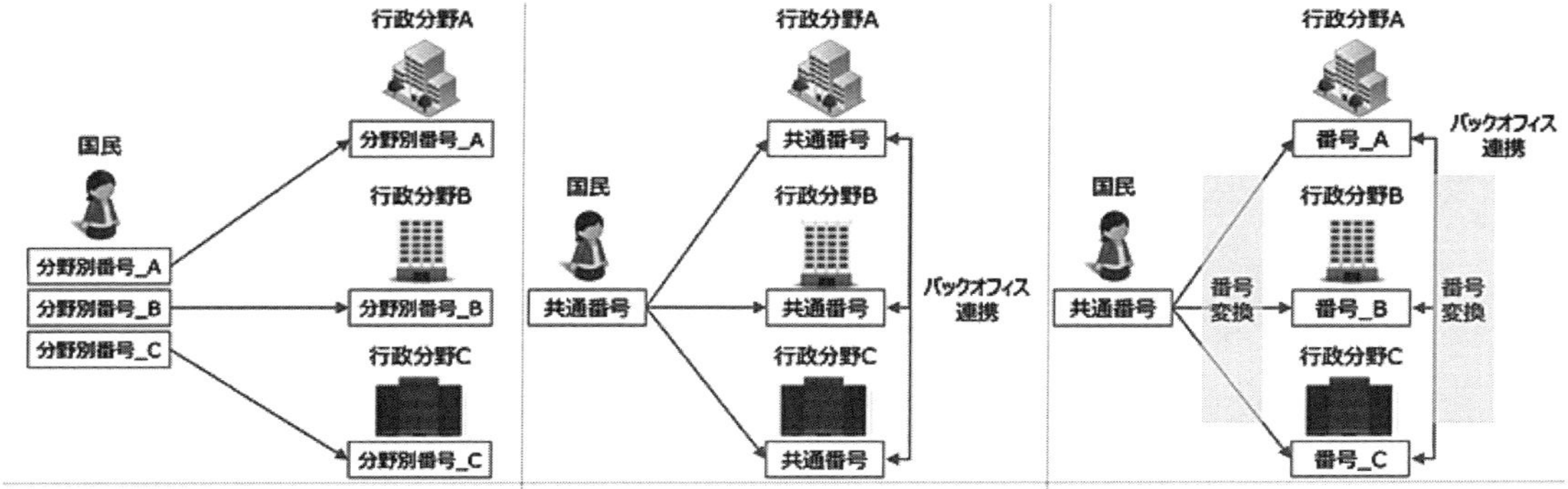		
該当国例	✓ ドイツ、フランス等	✓ シンガポール、アメリカ、韓国等	✓ オーストリア等
特徴・長所	● 各行政機関で用いる識別番号に関連性がないため、情報漏えい時のリスクが相対的に低い	● 行政分野を跨いだ情報連携が容易 ● 行政事務の効率化や、国民の利便性向上を図りやすい	● 番号変換等により行政分野を跨いだ情報連携が可能 ● 特定の機関から情報が漏えいした場合でも、芋づる式に情報漏えいするリスクが低い
問題点・短所	● 行政分野ごとに番号、及び関連するカード等を管理する必要がある ● 行政分野を跨いで個人を特定することが容易でない	● 不正利用時等において、分野を跨いだ個人情報の漏えいリスクが高い	● セクター定義のための全体最適化計画、システム構築等が必要

出典・アクセンチュア（株）「諸外国における共通番号制度を活用した行政手続のワンスオンリーに関する取組等の調査研究」より

図 11

りも情報漏洩のリスクが低く、プライバシーを守りやすい。被害も「フラットモデル」に比べると低く抑えられているようです。

図を見てもらうとわかるように、フランスやドイツなど欧州の国々では、個人情報が一気に流出することを恐れて複数の社会保障番号で情報を管理していますが、アメリカ、韓国、シンガポールなどは、行政効率を優先して、1つの共通番号で情報を管理する仕組みになっています。

そのために、便利ではありますが、いったんシステムに入り込まれたら、多くの情報が漏れ出てしまう恐れがあるのです。

■アメリカでは「なりすまし」の被害が2年で2兆円

実際に「フラットモデル」のアメリカでは、他人の社会保障番号を入手した人が、その社会保障番号の所有者になりすまして銀行預金を引き出したり、クレジットカードを使用したりする詐欺被害が多発しています。

このなりすましによる被害者は、アメリカ全体で、2006年から2008年までの2年間で、約1170万人。被害総額は日本円にして2兆円と言われる途方もない金額になっています。

そのため、アメリカでは、社会保障番号が利用できる分野を制限しようとする動きが始まっています。

韓国でも、利用範囲を拡大させる中で、住民登録番号が盗まれ、本人になりすましてシステムに侵入する事件が多発しています。そのため、当初よりも利用範囲を限定し、法律が認めた場合を除いて、民間事業者による住民登録番号の収集が禁止されるに至りました。

■イギリスでは「国民IDカード」が廃止に

イギリスでは、「マイナンバーカード」にあたる「国民IDカード」を発行するための法律が2006年に成立しましたが、人権侵害への危険や、巨額な費用がかかること、さらには情報漏洩の危険が拭えないことから2010年に廃止しています。

その代わり、2016年に公共サービスの共通認証プラットフォームが導入され、利用者が望めば、政府の認証を受けたデジタルIDが発行され、オンラインで行政サービスが受けられるようになっています。

イギリスでは、デジタルIDをつくるサイトで、簡単にオンラインでIDを発行してもらうことができます。免許証などの身分証と一緒に写った写真を送り、自分しか知らない質問に答えたり、銀行口座にオンラインでサインアップするなどの方法で本人認証ができれば、簡単に発行してもらえます。

このＩＤで、政府のサービスなどへログインできますが、あくまで希望者のみに与えられるＩＤで、使う方も、自己責任であることを最初から心得ています。

■マイナンバーカードの情報漏れ、政府は責任を負わない!?

マイナンバーカードによる情報流出をめぐって、大きな議論を呼んだのは、デジタル庁の「免責」問題でした。

デジタル庁の「マイナポータル」利用規約を見ると、２０２２年3月時点では第23条に「免責事項」として、デジタル庁はマイナポータルの利用に当たり、「利用者又は他の第三者が被った損害について一切の責任を負わない」とされていたのです。

このことを問われた河野大臣が、「マイナポータルの利用規約は、民間のインターネットサービスの利用規約と比べて、極めて一般的なもので特殊な要素はない」と言い放ったために、「民間じゃなく、政府のサービスなのに、あまりに無責任だ」とクレームの嵐が起こりました。

これにあわてたデジタル庁は、今年になってこっそりと免責事項に「デジタル庁の故意又は重過失によるものである場合を除き」という文言を付け加えたのです。

前にも述べたように、マイナンバーは、流出したり悪用されたり、といったトラブルに関しては、１００％、国が責任を持ってくれる制度になっています。これはマイナンバーが、政府が強制的に全国民に付けた番号であること、「法令で定められた利用できる主体」が国や自治体であることによるものです。

マイナンバーカードでも、裏面に記されたマイナンバーについては、国が責任を負います。問題はＩＣチップで入れる個人情報です。こちらは「民間も含めて広く利用が可能」ですから、「国は必ずしも全責任を持つ必要はない」ということになっているのです。

しかし、誤登録などさまざまなトラブルが発覚するなか、いちどは「一切免責」で押し通そうとした政府の姿勢は、国民の信頼を減じるものだったことは確かでしょう。

「デジタル庁の故意又は重過失によるものである場合を除き」が加えられたのは、一歩前進とはいえますが、これでも責任の所在がはっきりしないと、プライバシー問題に詳しい東京弁護士会の水永誠二弁護士は指摘します。

「故意とは、わざとということ。重過失というのも、単なる過失ではなく著しく注意が欠如した過失ということで故意に近く、よほどのことでないと責任を問えません。しかも、どこまでが故意でどこまでが重過失なのかという判断は、誰がするのでしょうか」

デジタル化社会において、「絶対安全」はない以上、不測のトラブルに備え、責任の所在は明確に示してもらいたいものです。

第三章

マイナ保険証のどこが「便利」なのかわからない！

◎マイナンバーカードのメリットとデメリット

そもそもマイナンバーカードとは、どんなもので、どんなメリットがあるのか？そう聞かれると、自信をもって答えられる人は多くないでしょう。

本来ならば、国は、マイナンバーカードが本人証明のためのカードであること、マイナポータルに個人情報を（本人の同意の上で）集めて、民間も含めて、使用する目的のものであることを丁寧に説明すべきでした。

後述するように、「自分は同意した覚えはない」という情報でも、「同意しない」とわざわざ言わなければ、同意したものとみなされ、いつのまにかマイナポータルで見られるようになっている、といったケースもあります。

こう書くと、「カードをつくる時に、そんな説明はされなかった」と言う人がほとんどでしょう。でも、丁寧に「あなたの個人情報をすべてマイナポータルで見られるようにしてあるので、もし、情報が漏れても、自己責任でお願いします」などと言ったら、多くの人がノーと言うに決まっています。

そこで、政府は、そんなことは一言も言わずに、「マイナンバーカードを持っていると、こんなに便利です」という説明を繰り返してきたのです。

しかし、マイナンバーカードはそんなに便利なのか？

いまでは９０００万枚を超えるほど普及しているはずですが、「やっぱり便利で、マイナンバーカードなしにはやっていけない」という声は聞いたことがありません。マイナンバーカードなどなくても、ほとんどの人は、それほど生活に不便は感じていないというのが、私の実感です。

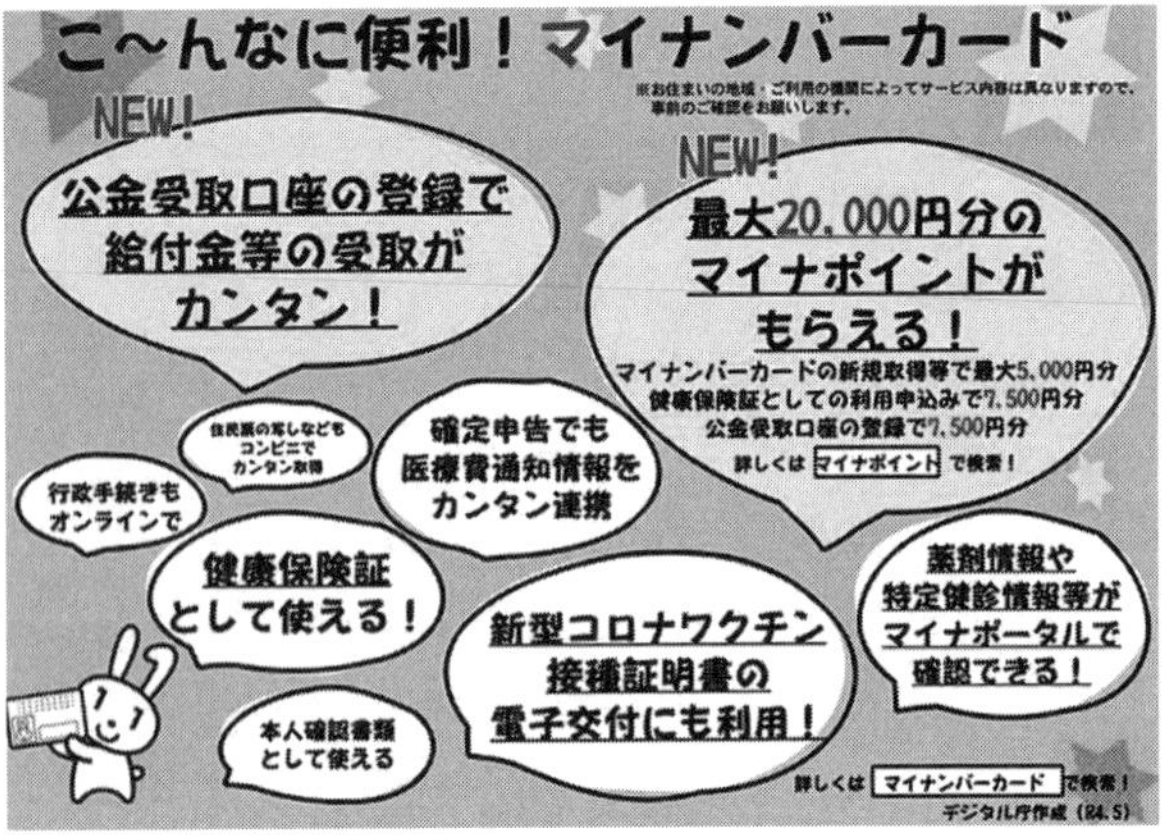

デジタル庁作成

図 12

■国は「こんなに便利！」と言うけれど……

国も、便利でなければカードが普及しないということは、重々承知していたはずです。ですから、パンフレットなどでは「こんなに便利！」と強調した宣伝をしています。

ただ、こんなパンフレット（図12）を見せられても、首をかしげる人が多いのではないでしょうか。

「公金受取口座の登録で給付金等の受取

がカンタン！」と言われても、マイナンバーカードを使ってコロナの時の10万円の給付金をオンラインで申請した人は、「便利」どころか、紙やプラスチックの保険証で郵送申請した人よりも給付が遅くなったり、オンラインでの受け付けができない自治体が出てきたりで、ひどい目に遭いました。

コロナのワクチン接種証明も、証明書を出せと言われるケースが少なかっただけでなく、民間で操作が簡単なワクチン証明書がどんどん出てきたので、ことさらにマイナンバーカードで電子証明を行う必要性が感じられませんでした。

確定申告も、年に1回のことだし、サラリーマンだと医療費控除を申請するくらいで、マイナンバーさえあれば、マイナンバーカードをわざわざつくらなくても、国税庁のページに入って、簡単に確定申告ができます。

これでは、カードがなかなか普及しなかったのもうなずけます。サービスを受けるはずの国民から見て、特に便利に感じられず、魅力に乏しいのです。

■結局2万円のマイナポイントが普及の決め手に

現在、申請中も含めると、日本国民は、9000万枚を超えるマイナンバーカードを持っています。マイナンバーカードがここまで普及した最大の理由は、間違いなく、最高で2万円ぶんのポイントがもらえる「マイナポイント」にほかなりません。

これは逆に言うと、2万円のプレゼントをつけないと、カードをつくる人が増えなかったことになります。もし、「マイナンバーカード」が本当に便利なカードだったら、2万円ぶんのポイントなどつけなくても、みんな持とうとするはずです。

ちなみに、今まで政府は、「マイナンバーカード」の普及のためにトータルで約3兆円の税金を使っています。

これは、２０２１年3月の衆院内閣委員会で、当時首相だった菅義偉氏が明らかにした数字ですが、過去9年間で８８００億円の税金が使われていました。さらに、その後、普及のためのポイントのキャンペーンにつぎ込まれた予算は累計で2兆円以上になります。

普及のために約3兆円もの税金が使われたということは、国民ひとり当たり約3万円の税金が使われたということ。２万円ぶんのポイントをもらっても、本当は、そんなに喜べる話ではないはずです。

■国民に不便を強いて「マイナ保険証」を強制

こうして2万円のプレゼントつきで、ようやく国民に持たせることができたマイナンバーカードですが、使い道がなければ、意味がありません。

そこで政府が目をつけたのが、国民の誰もが加入している健康保険制度でした。

みんなが利用している健康保険証を廃止して、「マイナ保険証」を押しつけることで、マイナンバーカードを事実上の「強制」に持ち込もうとしたのです。

健康保険証の廃止が発表されるまで、マイナ保険証に切り替えていた人は20％程度でした。第四章で詳しく述べるように、医療機関などでも、導入のハードルが高いこともあって、普及が進んでいなかったのです。

いわば「マイナ保険証を持っていると便利だから」ではなく、「マイナ保険証を持っていないと、医療機関にかかれなくなる」と、国民に不便を強いることでマイナ保険証を押し付けたわけです。

◎政府が進めるＤＸの正体

　では、なぜ政府は、これほどまでして、便利さに乏しく「任意」であるはずのマイナンバーカードを、国民全員に半ば強制的に持たせようとしているのでしょうか。

　その背景には、政府が目指す社会システムのＤＸ（デジタルトランスフォーメーション）があります。トランスフォーメーションとは、「変革」とか「変化」という意味です。

　余談ですが、デジタルトランスフォーメーションなら、ＤＴじゃないのと思う方もおられるでしょう。私も最初はそう思ったのですが、英語では「Trans」は「Cross」と同義で、Crossは「Ｘ」と略式表記されるので、ＤＸになるのだそうです。私くらいの年代になると、こんなつまらないところでつまずいて、話が先に進まなくなるので、念のために書き添えました。

さて、本題に戻りましょう。政府の進めるＤＸとは、簡単に言うと、デジタルの力で社会を便利でより良いものにしようという試みです。

たとえば、一枚のカードが、身分証にも、健康保険証にも、運転免許証にも使えると聞けば、便利だと思う人は多いかもしれません。

――マイナンバーカードを利用して、さまざまなものが「公的個人認証」できるようになれば、これまで必要だった対面の手続きや、本人証明書類の郵送などによる本人確認も必要なくなる。オンラインによる公的サービスや民間サービスの利用、銀行口座の開設、クレジットカードの申込みも、よりスムーズにできる――。

前にも述べましたが、このように、社会全体がデジタル化されれば、私たちの暮らしは飛躍的に便利になる、と政府はいうのです。

■日本はデジタル後進国

２０２１年９月、岸田文雄首相は自民党総裁選で、「デジタル田園都市国家構想」を掲げました。デジタル化で社会的な課題を克服し、地方の利便性を高めて、豊かな暮らしができるようにしようというものです。それを実現するにはマイナンバーカードの普及が鍵となるという認識でした。

だからこそ、「突破力」が売りの河野デジタル大臣に号令をかけさせ、異例のスピードでマイナンバーカードの普及を急がせたのです。

政府がマイナンバーカードを使って社会全体をデジタル化しようとしている背景には、日本が「デジタル後進国」であることへの危機感があります。

これまで日本では、生活環境のデジタル化はゆっくりと進んできました。たとえば、電話ひとつとっても、日本では順次、進化してきました。まず有線の電話が各家庭に引かれ、ファックスが使えるようになり、ポケベルが登場し、インターネット電話ができるようになり、携帯電話が普及しました。

その携帯電話も、ガラケーから徐々にスマートフォンに切り替わっていきます。スマートフォンの比率は2010年には4％程度でしたが、2022年には94％となり、ガラケーは姿を消そうとしています。

これを中国と比べてみましょう。中国の人たちは、日本のほとんどの家庭に固定電話がある時代にも、電話を持てるのはほんの一部のお金持ちという状況でした。そうした状況から、ファックスやポケベルなどをすっ飛ばして、いきなりインターネットやスマートフォンを持つようになりました。まさに「革命」と言ってもいいほどの大きな変化です。中国政府は、この通信における新技術に、国の命運をかけ、

ＩＴ大国になるべく、集中的に力を入れました。

スイスの国際経営開発研究所（ＩＭＤ）の「世界デジタル競争力ランキング２０２２」を見ると、対象になった63カ国・地域中で、日本は29位。いっぽう中国が17位です。10年ほど前には、日本のはるか下にいた中国が、すでに日本のはるか上に位置するのですから、いかに中国のデジタル化がすごい勢いで進んだのかがわかります。ちなみに、同ランキングでは、韓国が8位、台湾が11位でした。

10年ほど前までの日本は、8位から4位とかなり高い水準だったのですが、この10年でズルズルと順位を下げて、デジタル後進国と言われるに至っています。日本のデジタル環境は、先進国の中では驚くほど遅れていて、もはやガラパゴス化しかねない状況にあります。

日本がデジタル後進国となったのは、中国をはじめとした各国が、スマートフォンをベースとしたモバイル革命に成功したからです。モバイル革命に成功している国々の多くは、様々なサービスをスマホに搭載し、これを媒介としました。

特に中国はＱＲコードを使い、スマホ決済を普及させ、ショッピングやシェアリング自転車、フードデリバリーなど、生活の様々な場面でこれが使えるようになり、飛躍的に発展しました。

ＱＲコードは、１９９４年に日本の自動車部品メーカー・デンソーが生んだ技術ですが、これが日本ではなく中国で爆発的に使われた背景には、中国が固定電話も何もないところに大きなデジタルの高速道路をつくり、一足飛びにスマホ時代に突入したことがあります。

いっぽう日本は、前述のように固定電話からスマホになるまでに、様々な過程を経ました。道路にたとえるなら、もともとは人が歩く土の街道を、砂利を敷いたり、馬車が通れるようにして、自動車が走るようになったらアスファルトで舗装し、自動車の量が増えて道路を拡張しなくてはならなくなったら、周りの家に立ち退いてもらって拡幅する、といった改修を、段階を経てやってきたのが日本。ですから、昔のままの道も残っていて継《つ》ぎ接《は》ぎだらけのところも多い。

いっぽう中国は、もともと荒野には人が歩く道しかなかったので、いきなりドーンと新しい高速道路をつくることができたというわけです。

■何もしないと「２０２５年の崖」から落ちる!?

さきに「世界デジタル競争力ランキング」をみましたが、同じくスイスの国際経営開発研究所の「世界競争力ランキング２０２３」では日本は64カ国・地域中、過去最低の35位。台湾が６位、中国が21位、韓国が28位で、国としての競争力のなさを露呈しています。

ちなみに、同ランキングが初めて公表された１９８９年には、日本は１位で、以後４年間、１位をキープし、１９９６年までは５位以内に入る、国際競争力の強い

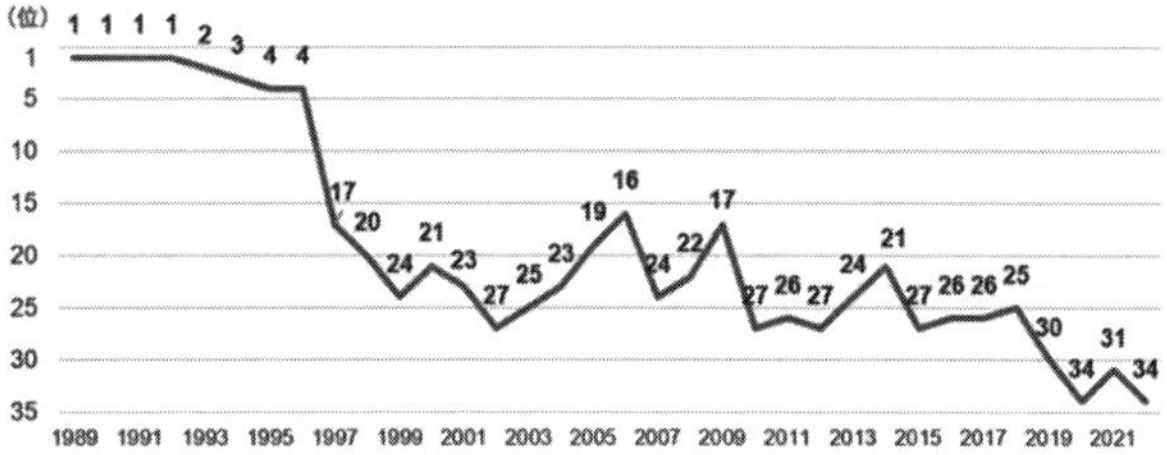

日本の総合順位の推移　IMD「世界競争力年鑑」より三菱総合研究所作成

図 13

国でした。その後、ズルズルと順位が下がり、２０１９年に30位となっても下げ止まりませんでした（図13）。

もし日本が今までのままで何もしなければ、２０２５年以降は、企業は人材不足に陥って活力を失い、年間で最大12兆円の経済損失が生まれて、日本は国際競争力を失ってしまうと、経済産業省は試算しています。

これは「２０２５年の崖」といわれるものです。

■ＤＸに望みをかける日本政府

こうした中で、日本政府がこの泥沼から這い上がる起死回生の望みをかけているのがＤＸを進めることです。

そこで打ち出された窮余の一策が、マイナンバーカードを普及させて、個人情報を集めるということでした。

ＤＸとは、個人情報の高速道路のようなものです。政府は、このマイナンバーカードを国民全員に持たせることで、一気にＤＸを加速させたいと考えています。その焦りのあらわれが、ここまで見てきたようなマイナポイント2万円バラマキや、健康保険証の廃止といった、強引でもあり、拙速でもある一連の施策といえるでしょう。

ただ、何もないところにドーンとＤＸという高速道路をつくれた中国と違って、日本は、すでに安定して人々が利用していた一般道（健康保険証など）を潰したり、林立している様々な建物のあいだをぬうようにして、ＤＸをつくらなくてはなりません。

そのため、高速道路でありながら、平らになっていなかったり、一般道との接続がうまくいかなかったり、穴があいていたりで、高速運転をすると事故が起こりそうなのが現状です。

■医療DXが日本復活の鍵になる!?

いま建設中の日本のDXのなかでも、柱となっているのが医療です。そして、その医療DXの核となるのが、マイナ保険証です。

医療DXとは、病院や薬局、訪問看護ステーションなどの医療の現場をデジタルでつなごうというものです。

政府はマイナンバーカードで集めた個人情報とデジタル技術を使って、医療を効率化させたり、医療の質を向上させたり、国民の健康を促進するなど、さまざまな活用を計画しています。

そのために、マイナポータルで、様々なところにある情報を結びつけることで、

第1回「医療DX令和ビジョン2030」厚生労働省推進チーム（令和4年9月22日）資料1を一部改変

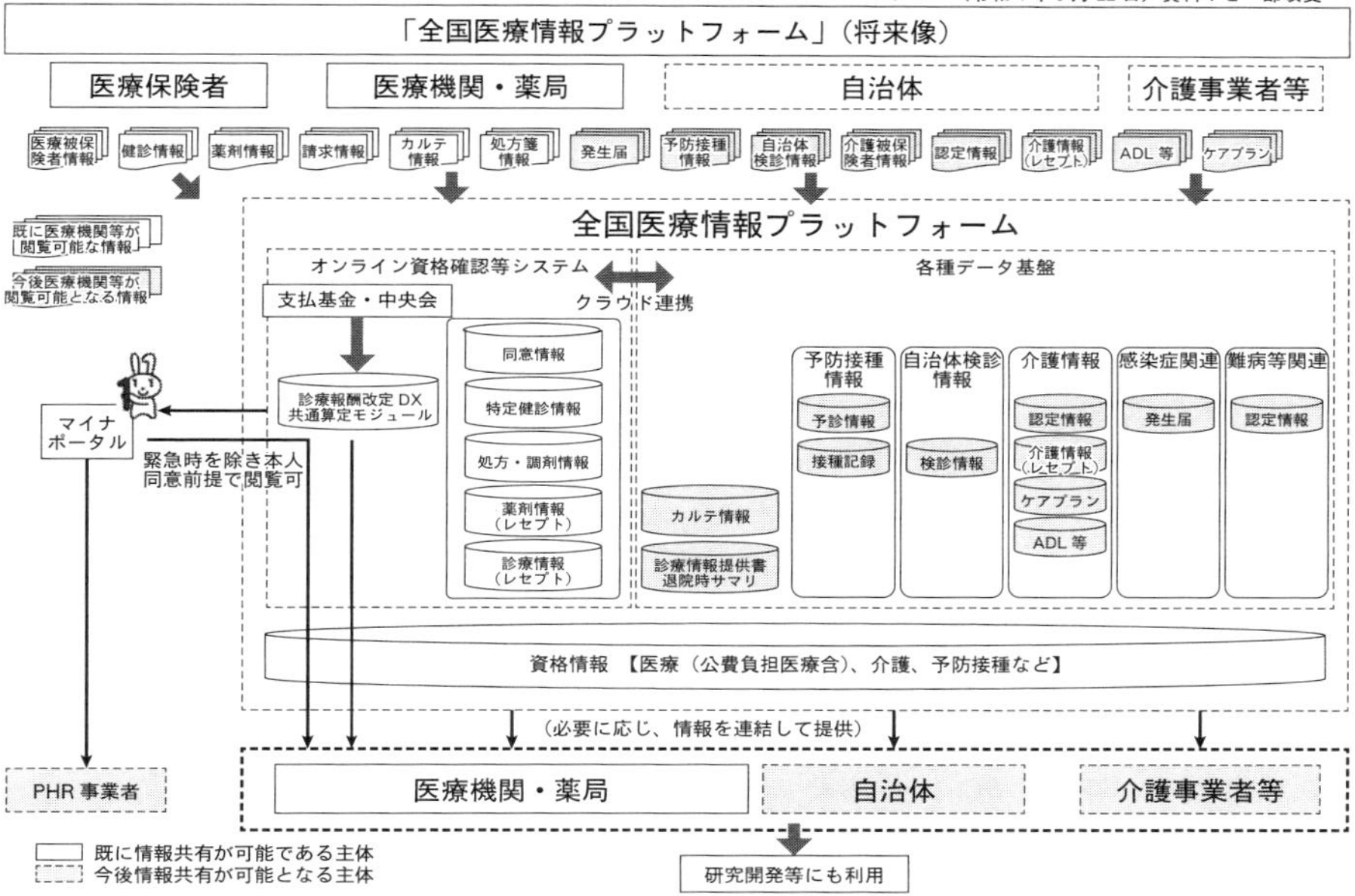

厚生労働省「第1回医療DX推進本部幹事会」の資料より

図14

これまでバラバラでわかりにくかった個人情報を、瞬時に引き出せる「全国医療情報プラットフォーム」（図14）をつくります。

政府と医療機関が連携することにより、より良い医療を、安いコストで受けられるようになる、というのですが、はたして、そんなにうまくいくのでしょうか。

■デジタル弱者が切り捨てに

大きな問題が2つあります。ひとつは前章でもみたセキュリティの問題。そして、もうひとつはデジタル格差の問題です。

情報の高速道路をつくって、そこで個人情報をやりとりして、よりスピーディで効率的な経済活動を行う。それがDXだとすると、世の中には、安心できないので高速道路には乗りたくない、あるいは乗るのが難しいという人がいます。ことに高齢者には、マイナンバーカードがあっても、デジタルで情報を出し入れするのが苦痛だという人は少なくないでしょう。

こうした人たちが、多額の税金を払っているにもかかわらず、ＤＸの恩恵を受けられず置いてきぼりにされてしまうケースは、容易に予想されます。

一般に、高齢になるほど医療が必要になりますから、必要な人に必要な医療が届かなくなるというのは、大きな問題でしょう。

■土建の公共事業からデジタルの公共事業へ

今後、問題となってきそうなのが、マイナンバーカードによるデジタル公共事業へのお金の流れです。

現在マイナンバーのシステムを手がけているのは、地方公共団体情報システム機構（Ｊ－ＬＩＳ）です。ここは問題だらけで２０００億円をドブに捨てた「住基ネット」のシステムの運営を行っていた、地方自治情報センターが名称変更した組織です。同センターは、天下りが多いことや高額な役員報酬などが問題視され、２０１０年には事業仕分けの対象枠の公益法人に選定されていました。その地方自治情報センターが名前を変え、マイナンバーのシステムができたことで息を吹き返したのです。その後、２０１４年から２０２０年にかけて発注した１３８８億円の約８割が随意契約だったことなどから、疑惑の声が上がっています。

さらに、オンライン資格確認の通信回線の提供は、ＮＴＴが独占的な状況になっています。国は技術があった主な企業がＮＴＴ東西だったといいますが、ＫＤＤＩなどにその技術がなかったわけではありません。

今後、この方面の追及も始まりそうです。

マイナンバーカードでつくるデジタル高速道路は、今までとちがって目に見えない部分が多い公共投資ですが、それだけに不透明なところが多い。

今まで日本では、ダムや高速道路などの公共投資で巨額な利権が動き、そこに政官が癒着するという利権の構造がありましたが、そういう意味ではマイナンバーカードにも、そうした癒着の構造がないとはいえず、今後、しっかり注視していく必要があります。また次の章でみていくように、病院によっても、デジタル化への対応にはかなりの違いが生まれています。

岸田首相は、マイナンバーカードを使って「誰一人取り残さない社会を実現する」と発言しましたが、現実はその反対です。マイナンバーカードという高速道路のために、私たちが60年かけて整備してきた、便利な一般道路である健康保険証を、2024年秋には通行禁止にしてしまうわけですから、「多くの情報弱者が取り残される社会」になるのではないかという疑念がぬぐえません。

それは日本が世界に誇る国民皆保険制度の崩壊にもつながりかねない。次の章では、マイナ保険証の導入、健康保険証の廃止が、日本の医療に何をもたらそうとしているか見ていきたいと思います。

第四章　頭を抱える医療の現場

◎どのようにして健康保険証の廃止は決められたのか？

これまで述べてきたように、政府は、２０２３年6月2日に、今まであった紙とプラスチックの健康保険証を廃止して、マイナンバーカードに一本化する法案を成立させました。２０２４年秋には、今ある健康保険証はなくなります。

その後、「マイナ保険証」に他人のデータがひも付けられているなどのトラブルが相次ぐと、6月21日、岸田総理は「国民の不安を払拭する措置の完了が大前提だ」と表明しました。従来の方針通り、健康保険証の廃止時期は２０２４年秋だが、廃止後も最長1年間は使える特例措置があるので、「２０２５年秋までの猶予期間を活用し、国民の不安を払拭する」と説明したのです。

この会見に呆れかえってしまったのは、私だけではないでしょう。

２０２４年秋に保険証が廃止されても、最長１年間は猶予期間があるということは、２０２３年２月にすでに発表されていたことでした。

前から決まっていたことを、わざわざ会見まで開いて、あたかも対策に取り組むためにスケジュールを後ろ倒しするような言い方をするのは、国民を欺く意図があるとしか思えません。

本気で不安を払拭したいのであれば、やるべきことはひとつ。従来の健康保険証を廃止しなければよいのです。

■突然の河野大臣「健康保険証廃止」会見

「健康保険証の廃止」は、日本の歴史に残る愚行だと、私は思っています。私たちの大切な健康保険制度が、拙速としかいいようのない、いきあたりばったりのデジタル政策のために犠牲になろうとしています。

では、どのような経緯で、この健康保険証廃止は決められたのか、簡単に振り返ってみましょう。

すでに2022年6月に公表された「骨太の方針2022」において、2024年度中に、オンライン資格確認の導入状況等を踏まえて健康保険証の原則廃止をめざす方針が盛り込まれていました。

しかし、この時点では、当時の後藤茂之厚生労働大臣は、ただちに健康保険証の廃止に踏み切るのではなく、どちらかといえば、マイナンバーカードと併用できるように考えていきながら、ゆくゆくは廃止の方向に向かうというニュアンスの答弁をしていました。

ところが一転、同じ２０２２年10月13日、河野太郎デジタル大臣が会見で、それまで２０２５年4月以降とされていた健康保険証の廃止を、２０２４年秋に前倒しする、と発言したのです。

この会見で、河野大臣は「デジタル社会を新しく作っていくためのマイナンバーカードは、いわばパスポートのような役割を果たす」として、マイナンバーカードの普及、そして利用の拡大を強力に推進すべく、総理から指示があったと語りました。

そこで公表されたのが、健康保険証を廃止すること、それも2年という短い時間で実行することだったのです。

60年も続いた便利な「健康保険証」を、議論もなく、軽々しく廃止するなどということはあってはならないことです。

百歩譲って廃止するにしても、国民の健康を預かっている厚生労働省を代表して、加藤勝信厚労大臣が、丁寧な説明のもとに公表すべきことでしょう。

ところが、デジタル庁という、畑違いの河野大臣が、理由の説明もなく「24年秋に前倒しして廃止する」という。加藤厚労大臣がこれに異を唱えなかったのは、総理の指示であり、政府の一致した見解だからということでしょうが、国民の健康を預かる総責任者としては、無責任だと言わざるを得ません。

河野デジタル大臣が、国民の健康に関する重大事項の発表をしたことは、「岸田内閣は、国民の命や健康よりＤＸを進めるほうが重要だと考えている」というメッセージだと受け取られても仕方がないでしょう。

■「マイナ保険証の3大メリット」は、ホントにメリットなのか？

厚生労働省が、マイナ保険証を利用した人にメリットを聞いた調査（2023年6月21日公表）では、56・5％が、「特になし」と答えています。マイナ保険証を持つことを推進している厚生労働省の調査でさえ、約6割の国民が「メリットがない」と答えているのには、正直、驚きました。

利用者がメリットなしと答えているのに、これを義務化し、さらに「健康保険証」まで廃止するというのは、愚行と言わずになんと言えばいいのでしょうか。

2022年10月の会見で、マイナ保険証の利便性について質問を受けた河野大臣は、次のように答えています。

「転職、就職、退職の度に今、保険証が切り替わらなければならないということで、私もこの数年間何度となく切り替えをやりましたが、そうしたことが必要なくなりますので、利便性は上がってくるんだろうと思います。

また医療DXを考えた時に、やはりこのマイナンバーカードをはじめとしている基盤整備というのは必要になってくると思いますので、将来的な医療の質の向上であったり、様々なことで利便性が高まっていくと思っております」

どうにもあやふやで要領を得ません。転職で切り替えをしなくて済むのが利便性？　後でも詳しく述べますが、マイナ保険証は5年ごとに役所の窓口で更新の手続きをする必要があります。一方、健康保険証は、更新時に郵送で自宅まで届けられていました。国民にとってどちらが便利なのでしょうか？

■患者から見ると、何が変わる？

政府が多額の宣伝費をかけてアピールしている資料から、マイナ保険証のメリッ

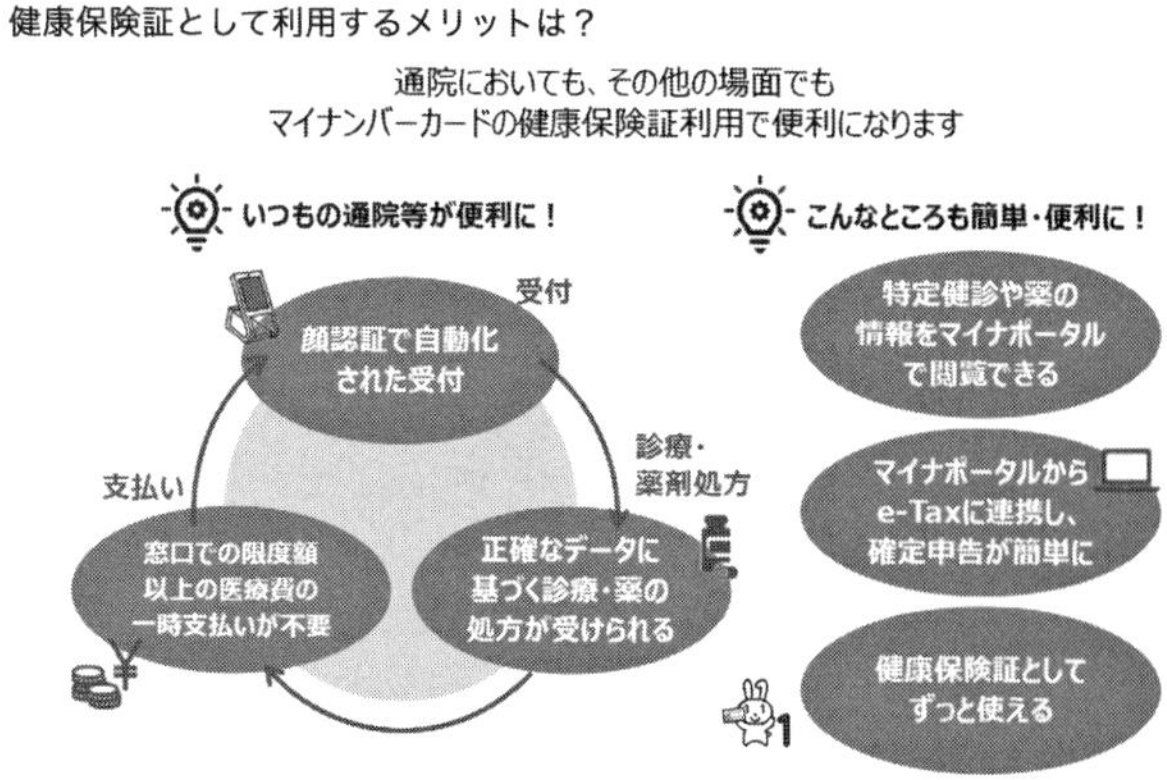

厚生労働省 HP より

図 15

トを見てみましょう（図15）。

大きなメリットは、3つ。

1　顔認証で自動化された受付

2　正確なデータに基づく診療・薬の処方が受けられる

3　窓口での限度額以上の医療費の一時支払いが不要

では、1つずつ見ていきましょう。

1　顔認証で自動化された受付

「自動化された受付」と聞くと、マイナ保険証なら、病院が混雑していても、早く簡単に受付が済ませられ、診療もスムーズに受けられる、といったイメージを持つ人が多いことでしょう。

しかし、基本的なことですが、病院が混んでいるのは、受付がスムーズにいっていないからではありません。来院する患者の数に対して、医師の数が圧倒的に少ないから、混雑し、待たされるのです。ですから、受付の時間がマイナ保険証で少し短くなったとしても、待たされる時間はほとんど変わらないでしょう。

しかも、病院に来るのは、若い人よりも高齢者が圧倒的に多い。やってみると分かりますが、顔認証は意外とスムーズにはいかないものです。コロナ下で、カメラに顔を映して、体温を測定する装置が普及しましたが、うまくセンサーに反応してもらえず、苦戦している人をよく見かけました。

写真を撮った時と違う髪型、眉毛の形状、眼鏡の有無でも、顔認証ができないケースが報告されています。また、マイナンバーカードをつくる時に、持ち込みの自撮り写真を認めている結果、ちょっと横向きだったために写真に影が出ていて、顔認証できないケースなども出てきています。マスク着用でも顔認証はされると言われていますが、マスクの色、柄、形状によっては認識されません。

顔認証ができないでオロオロしていると、後ろから早くしろという催促が来ますから、本人も焦って暗証番号に切り替えるのですが、肝心の暗証番号がうろ覚え。後ろの人に急《せ》かされて慌てて3回間違えて「アウト！」と泣くに泣けないケースも報告されています。

さらには、先にも述べたように、「まったくの別人でも顔認証されてしまった」

というケースが報告されています。これでは便利になったどころか、新しいリスクが生まれただけになってしまっています。

2　正確なデータに基づく診療・薬の処方が受けられる

正確なデータに基づく診療・薬の処方が受けられると言いますが、今のところ、マイナポータルに掲載されるデータは、主にレセプト（診療報酬明細書）情報です。つまり、医師が診療してから、月ごとに保険者に診療行為でかかった費用の明細を提出するものです。実際の診療から1～2カ月後のデータになり、直近の1～2カ月以内に医師が診断したり薬局が薬を調合したりしたデータは入っていません。これで本当に正確なデータに基づいて治療ができるのかといえば、疑問です。

薬の場合、今は薬局で薬をもらうときはお薬手帳を出して、リアルタイムでどんな薬を処方してもらっているのかがわかります。マイナ保険証のレセプト情報よりも正確なデータと言えるかもしれません。

診察時に、カルテに医師がメモのようなものを記すケースも少なくありません。たとえば、「薬を何回かに分けて与えるように家族に指示した」とか、「身寄りがないので、病状が急変したらすぐに遠方のご子息に連絡できるように連絡先を聞いた」「前回よりも顔色はいいが、気力が少し衰えている気がする」などです。こうしたことは、レセプト情報だけではわからないでしょう。

政府は、２０２５年頃には、レセプト情報だけではなく、リアルタイムに医療情報が見られる電子カルテの情報を活用できるようにしたいとしていますが、これが本当に２０２５年までに可能になるのかといえば、難しそうです。

なぜなら技術面の壁は高く（ベンダーのリソース逼迫など）、実際にはまだ見通しが立っていない状況だからです。

より根本的な問題としては、カルテを公開することは、医師の守秘義務に反します。医療データは、個人情報のなかでも秘匿性の高いものです。

また、現在でも、地域規模では、患者の同意を得て、医療情報を共有するネットワークがつくられています。マイナ保険証のように、全国規模での情報共有がはたして必要なのかも議論が必要でしょう（巻末の座談会で詳しく論じています）。

3　窓口での限度額以上の医療費の一時支払いが不要

「窓口での限度額以上の医療費の一時支払い」とは、医療費が一定額を超えたら超えた額を戻してくれる「高額療養費制度」のことを指しています。

しかし、マイナ保険証がなくても、入院などで治療費が高額になりそうなときは、あらかじめ「限度額適用認定証」を申請しておけば、マイナ保険証を提示するのと同様に、窓口での医療費の一時支払いが不要になります。

この書類を、あらかじめ窓口に出さなくていい分だけ、マイナ保険証は便利だということですが、政府が強調するほどの便利さではないでしょう。

■「マイナンバーカードは健康保険証としてずっと使える」はウソ

政府が掲げるマイナ保険証のメリットとして、前述の3項目のほかには、「特定健診や薬の情報をマイナポータルで閲覧できる」「マイナポータルからe-Taxに連携し、確定申告が簡単に」「健康保険証としてずっと使える」などが挙げられています。

ただ、ここにも疑問があります。

「特定健診や薬の情報をマイナポータルで閲覧できる」というのは確かですが、特定健診の結果は書いたものが送付されてくるし、薬は、前述のように「お薬手帳」

のほうがリアルタイムな情報になっています。
そもそも、病院でかかった費用の明細書は、確定申告用に各家庭に郵送されてきます。医療費控除で最も時間がかかるのは、買った薬などの領収書を取っておいて確定申告用に整理すること。薬局で買った薬代などは、マイナポータルでは把握できません。マイナンバーカードがあってもなくても、一番時間がかかるところは、結局は自分でやらなくてはなりません。

確定申告の医療費控除は、年1回。国税庁のサイトの確定申告書等作成コーナーでは、医療費控除欄に必要事項を打ち込むだけで提出用の書類がプリントアウトされてきますから、それを郵送すればスマホやパソコンが苦手な人でも、簡単にできます。

また「健康保険証としてずっと使える」は、ウソです。5年に1度、電子証明書の更新のために自治体の窓口に行かないと、マイナ保険証は使えなくなります。

　現行の健康保険証の場合、会社員であれば、5年に1度の更新などしなくても、会社員である間はずっと使えます。また、自営業者などの健康保険証の多くは2年で更新になりますが、自分が更新を忘れていても、前に述べたように、自治体や保険組合から自動的に新しい健康保険証が送られてきます。しかも、顔写真を撮って、自治体の窓口に提出する必要もありません。

　むしろ「ずっと使える」という感覚が持てるのは、マイナ保険証ではなく現行の保険証でしょう。

　加えて、次にマイナ保険証の更新を行う5年後には、高齢などの理由で、自治体の窓口に行けない人がかなり増えることも予測されます。たとえば5年後には、日本の認知症患者が８００万人を超えると予想されていて、そうした人にどう対処するかということは、未定のままでしたが、後に詳しく述べるように2023年7月4日、総務省は、暗証番号なしのカードを交付する方針を打ち出しました。ただ、これはセキュリティ面でいえば、暗証番号なしでキャッシュカードを使用できてしまうようなもので、とても危険です。

さらに、災害時に停電が起きて機械が使えなくなったら、本人確認できないなど、解決しなくてはならない問題が山積みです。

■現行の健康保険証より不便になる?

では、次にマイナ保険証のデメリットを見てみましょう。

マイナンバーカードについては、紛失などが心配なので持ち歩かないという人が多いですが、マイナ保険証が搭載されると、そうはいきそうもありません。マイナ保険証になったら、毎回窓口で提示しなくてはならないからです。

実は健康保険証も、本来なら、毎回提示しなくてはならないものですが、それでは患者が煩わしいだろうという配慮で、月一回の提示にしてきた病院が多いのです。

厚生労働省はマイナ保険証でも「月初での実施など各病院・診療所で異なる運用を実施している場合は、そちらを優先することも可能」とのただし書きを示したのですが、その後、運用マニュアルを改定して、この部分を削除しました。

また、後に詳しく述べますが、介護の現場では、緊急時の受診などに備えて、入居者から保険証を預かっているケースが大半ですが、マイナ保険証になると、施設が預かるのは難しくなります。なぜなら、預かったとしても4桁の暗証番号も教えておいてもらわないと役に立たないからです。

マイナ保険証の実体は、マイナンバーカード。暗証番号がわかると、マイナポータルにログインでき、その人の税情報や年金情報、医療情報なども見ることが可能になってしまいます。トラブル予防のために、マイナ保険証は預からないという介護施設も出てきそうです。

■紛失したら、再発行に1～2カ月かかる

マイナ保険証は、落としたり紛失したりした場合に、現行の健康保険証よりも再発行までに時間がかかります。

今は、国民健康保険の保険証の発行は当日～1週間程度。市区町村の役所の窓口であれば当日中に発行してもらえます。ただし、自治体によっては郵送での発行となり、数日から1週間程度かかるケースもあります。

会社に勤めていて、社会保険に加入している場合、発行は2週間～1カ月程度か

かります。社会保険（協会けんぽ・組合管掌健康保険など）の各種手続きは勤務先が窓口となっていますが、運営や加入などの審査は外部の健康保険組合などが行っているためです。

マイナ保険証の場合には、もっと時間がかかりそうです。

落としたり紛失したりした場合、自治体の窓口で再発行の手続きをすると、1～2カ月かかります。政府は、緊急の場合には「カードを発行する団体から直接送付できるようにして5日くらいに短縮する」と公表していますが、再発行手続きをする部署で聞いたところ、「それは、来年の秋までに検討するということで、実現可能かどうかはわからない。できたとしても、10日くらいはかかるはず」とのことでした。

すると、マイナ保険証再発行までの1～2カ月、最短でも10日間は、無保険扱いになってしまいます。

◎医師をはじめ、拙速な政策に抗議の声

医療の現場でのマイナ保険証の評価はどうなのでしょうか。

納得のいく説明やガイドラインが示されないまま、見切り発車で健康保険証の廃止が前倒しにされたことに、不安を感じている医師は多くいます。

健康保険証の廃止への反対表明は、全国の保険医協会をはじめ、全労連、日弁連など100以上の団体に及んでいて、反対署名が続々と集まっている状況です。

けれど、こうした声は国には届かず、マイナンバー法の関連改正案は、2023年4月25日に、ろくな審議もないまま、わずか13時間で委員会でスピード採決され、

すぐに本会議に回されて、27日には賛成多数で衆議院を通過しました。

同日、衆議院第二議員会館多目的会議室で開かれた「保険証廃止法案は撤回を！国会内集会」には、私も参加しましたが、全国から反対を表明する多くの医師が駆けつけ、この様子はYouTubeでも配信されています。

■システム導入のコストが現場へ

まず大きな問題となっているのは、マイナ保険証のシステム導入のコストです。病院などの医療機関には、マイナ保険証のため、さらには医療ＤＸのためのシステム導入が義務付けられています。ここでも「任意」であるはずのマイナンバーカードのために「事実上の強制」が行われているのです。

「マイナ保険証に必要な設備を導入しないと、保険医の資格を取り消されるかもしれないというのは、あまりに理不尽」と、国を相手に訴訟を起こした医師たちもいます。彼らは「オンライン化された場合の様々な不具合や経済的な負担だけでなく、データ漏洩のリスクまでも医師が負わなければならないという現状に、訴えざるを得なかった」と語っています。

全国保険医団体連合会によると、すでに「マイナ保険証」の導入で、廃業を決めた医師は全国で1000人以上にのぼるとされています。特に、地方の、高齢の医師が運営している個人医院が廃業するケースが目立っています。

そうした医師の多くが、長いあいだ地域に貢献し、地域での信頼も厚い人たちです。限界集落で、老人を相手に、1人でも医療の灯をともし続けている医師は、日本にはたくさんいます。こうした医療者の志が、高齢化する日本の地域医療を支えていると言っても過言ではないでしょう。

こうした地域医療に人生をかけてきた医師の中には、これまでITなどとは無縁だったために苦手だという高齢の医師も少なくありません。そうした医師たちにも、「マイナ保険証」での診察が義務付けられています。

患者も高齢化しています。誰も診察の時にマイナ保険証などは持ってきません。廃業によって医師や病院を失った過疎地の人たちは、病気になったら、山を越えて隣町まで行かなくてはならず、途方に暮れています。

■厚生労働省は「地域の病院に行け」と言うけれど……

実は、マイナ保険証の「強制」は、現在の厚生労働省の方針にも逆行しています。

厚生労働省は、患者が大病院に集中するのを避けるために、「いきなり大病院に行くのではなく、まず地域の医師に診てもらい、そこで不十分なら紹介状を書いてもらって大病院に行く」ことを奨励しています。そのため、いきなり大病院に行った人には、初診料で、保険が利かない7000円以上の医療費を上乗せさせています。規定は７０００円以上ということなので、実際に大病院では、１万円から１万５０００円程度を初診料に上乗せしています。

厚労省の誘導もあって、大病院を避けて地域の病院に行く人が増えていましたが、そこを襲ったのが、マイナ保険証の導入でした。

大病院に比べて中小の開業医のほうが、マイナ保険証の義務化と、健康保険証の廃止のダメージは、コスト的にも、また労力の面でも、大きなものとなりました。

つまり、マイナ保険証の導入強制は、厚労省が行くことを推奨している地域の医師たち、かかりつけ医たちを苦しめているのです。

■患者には「健康保険証も持ってきてください」

保団連が２０２２年10～11月に実施した調査では、回答した医療機関８７００余の24%がこの時点でマイナ保険証の運用を始めており、そのうち41%がトラブル・不具合があったと答えています。その内訳（複数回答）は、「有効な保険証が無効と表示された」が62%、「カードリーダーの不具合」が41%でした。

　そもそも「マイナ保険証」は、２０２１年３月から医療機関で使えるということで、国は大宣伝をしていました。ところが、あまりに不具合が多くて同年10月に延期されたという経緯があります。

　政府は、健康保険証がなくても、マイナ保険証があれば大丈夫だと言っていますが、各病院や健康保険組合で言われているのは、この正反対の言葉です。「患者さんには『マイナ保険証だけでなく、必ず健康保険証も持参してください』と伝えています」。健康保険証なら、カードリーダーが作動しなくても対応できるからです。

　ある病院では、カードリーダーが作動しなくなり、設置したＮＴＴに電話したけれど電話がつながらず、販売したシステム会社には原因がわからないと言われ、大騒ぎの末に装置が再び稼働したのは10日後のことでした。病院関係者は「その間、健康保険証があったから対応できたものの、もし廃止されていたら、診療はお手上げだった」と語ってくれました。

こんな状況で、健康保険証が廃止されてしまったら、いったいどうなるのでしょうか？

こうしたトラブルに対して、２０２３年６月30日にフジテレビ系の朝の情報番組「めざまし８」に生出演した河野大臣は、「今まで起きている問題は段々少しずつ解決していきます」「ベースを作っている段階」と発言し、利便性が高まるのは今後だと強調しました。

これに対して、現場の医師は「呆れて、物が言えません。今までさんざん医療の現場を振り回し、病院に機械まで入れさせて、まだベースを作っている段階とは、ふざけんなよと言いたい」と憤慨していました。

ネット上でも「国が推進するんだから、完璧なものを出してこい」とか「ゆくゆくは、って、国民を馬鹿にしているのか」「これから便利になるって、すでに便利だからということでみんなにカードをつくらせたんじゃないの」と反発の声が目白押しです。

確かに、大臣自ら「今は便利じゃないけれど」と言っているわけですから、国民がメリットを感じないのはあたりまえでしょう。

■これで保険証廃止は無責任すぎる！

医療施設を不安にさせているのは、政府の行き当たりばったりの対応も原因です。

先ほど述べたカードリーダーの不具合や、顔認証がうまくいかないなど、マイナ保険証については、様々なトラブルで、本人を確認できないケースが続出しています。

その中で、マイナ保険証では、医療機関で情報が読み取れなかったために、患者が窓口で医療費の10割を請求されるケースが相次ぎました。

これに対して岸田首相は、2023年6月12日の国会で「加入資格を確認できなくても、生年月日で個人情報を確認できれば、医療費を10割請求せずに済むよう、6月2日付でマニュアルを改定した」と答弁しました。

ところが、急いでマニュアルを改定してマイナンバーカードを見せれば3割負担でいい、と決めたのですが、残り7割を誰が負担するのか、については明らかにしませんでした。そうなると、医療機関には、もしかして無保険者だったら、残りの7割を病院で負担しなくてはならなくなるのではないかという懸念が蔓延しました。新たに負担となる金額もさることながら、そんな基本的なことも決めないままで、強引に制度変更しようとする政府に不信感を募らせたのです。

加藤厚労大臣も6月20日の大臣会見で「オンライン資格確認を行えない場合の医療費の負担の取扱いについて明確になっていない」と認め、ただし「医療機関においては事務的な対応はお願いいたしますがそれ以上の経済的負担はおかけしないようにする」と約束しました。ところが、7月1日現在でも、まだ、誰が負担するのかは正式には決まっていない状況です。

■厚労大臣も「健康保険証を持参して」

あまりに窓口でのマイナ保険証のトラブルが多いので、6月29日の医療保険部会で加藤厚生労働大臣が、患者が「無保険扱い」となる問題を巡り、従来の健康保険証も一緒に医療機関に持参するよう求めることもあり得るとの考えを示しました。

マイナ保険証だけだと心配だから、従来の保険証も持参しろというなら、なぜその信頼できるほうの保険証を廃止するのか。だれもが疑問に思うでしょう。

■救急車ではマイナ保険証は使えません

さらに、救急搬送との連携という問題もあります。

現在、救急搬送する車には、マイナ保険証を読み取る機械はついていません。本来なら、こうしたところにこそ、読み取りの機械を整備し、緊急の患者が運び込まれたらすぐに患者の医療データを読み込んで、そのデータをもとに対処することが必要なはず。

しかし、このような患者の利益になるはずのシステムは、いまだ準備不足で、後回しにされているのです。

こうした状況ひとつ取っても、現場の状況を無視して拙速に物事が進められている気がします。

■医療情報流出の危険性

最後に医療現場におけるセキュリティの問題を見ておきましょう。

第三章で述べた「全国医療情報プラットフォーム」は、医療機関・薬局だけでなく、介護事業者や自治体など多くのところで使われます。将来的には扱うデータも増大していくことが見込まれています。

次ページの図16を見てください。ＰＨＲ事業者という民間の事業者も、この「全国医療情報プラットフォーム」を使えるようになっています。

ＰＨＲとは、生涯にわたって保持する電子カルテ（Personal Health Record）という意味で、すでに富士通など民間事業者15社はＰＨＲサービス事業協会を設立し、スタートを今か今かと待ち受けています。

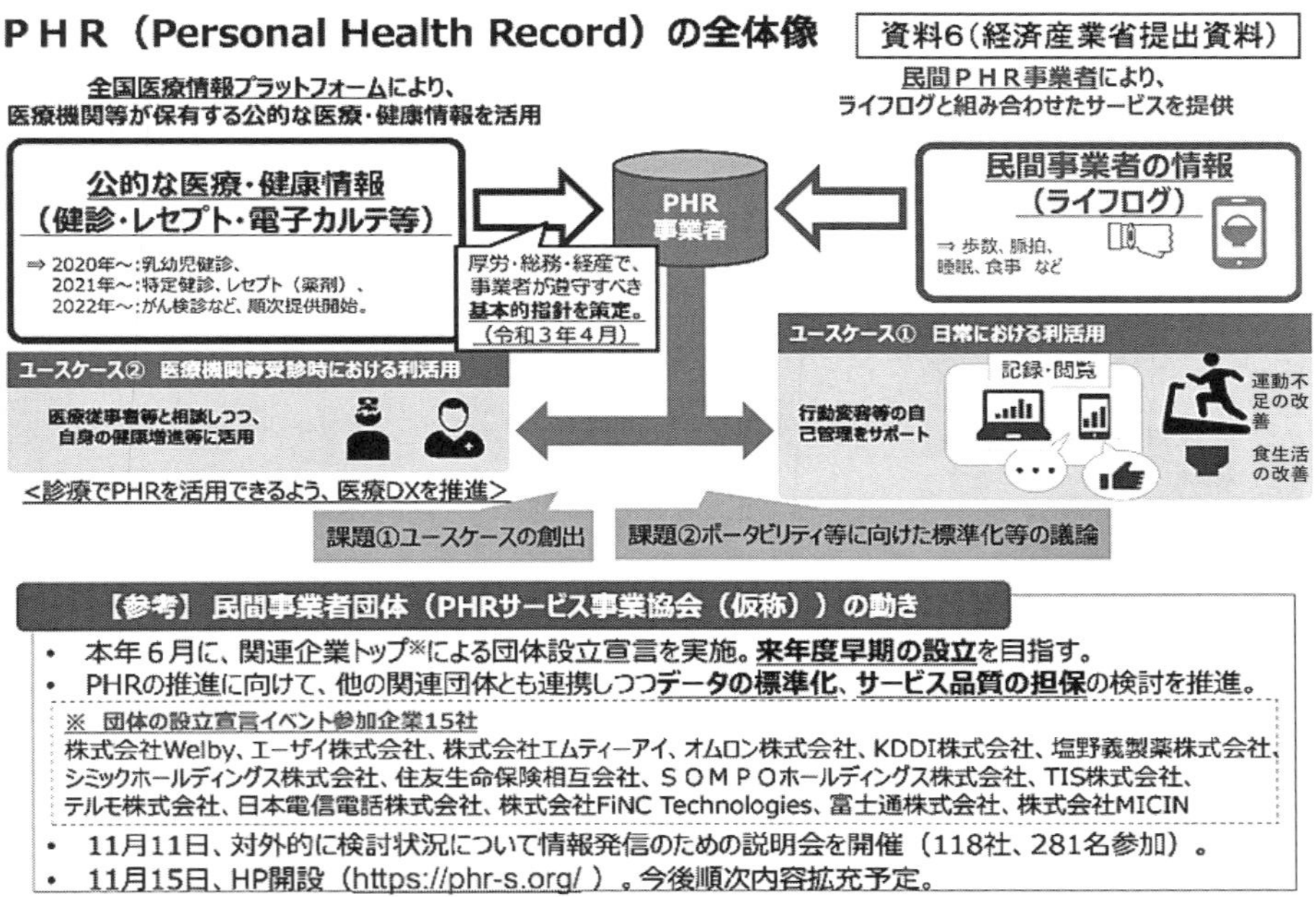

厚生労働省「第１回医療 DX 推進本部幹事会」の資料より

図 16

個人の大切な医療情報を民間がビジネスに使うことに、抵抗を覚える人も多いのではないでしょうか。

なぜなら、情報の当事者や関係者だけでなく、不特定多数の民間会社と共有することになると、そこからの個人情報漏れの心配が出てくるからです。

■医師たちが国に対して訴訟を起こす

医療情報漏れに対しては、多くの医師が危惧の声を上げています。

2023年2月22日、東京保険医協会に所属する医師274名が、「マイナ保険証」の医療機関への義務化は、本来は健康保険法の改正が必要ということで、東京地方裁判所に訴訟を起こしました。二次訴訟を合わせると、原告が1075人（4月10日現在）と、その規模が拡大しています。

訴えを起こしたさまざまな理由の中でも、最も大きいのは、患者を第一に考えた場合、医師には個人情報の秘匿義務があり、政府が推進するシステムではそれが守りきれない可能性があるということです。

東京保険医協会の理事である医療法人社団いつき会ハートクリニックの佐藤一樹院長は次のように語っています。

「医療界では、医療情報セキュリティ問題（情報漏洩、不正アクセス、ランサムウェア等ウイルス感染）が、2022年だけでも少なくとも全国39カ所で起きています。民間業者に情報を利活用されたら、さらに被害が広がるでしょう。しかも、厚労省でも難病患者5640人の個人情報が流出しています。

オンラインの回線を独占的に使うことになっているNTTグループのNTTデータでは、9万5000人の不正情報取得事件が起きている。こうした民間企業と提携する国に、大切な医療情報を委ねるのは、医師としてはできない行為です」

同じく理事を務める関町内科クリニックの申偉秀院長も、「私たちだけでなく患者も不安を感じていて、現場でのアンケートでは、診療情報が流出するのが心配だという方が8割を超えています。診療情報の民間企業への共有は拒否感が強く、やめてほしいという人が約7割。マイナンバーカード持参での受診については、不安・どちらかといえば不安という人が7割を超えています」。

これは、ごく普通に現場で医療に携わっている医師の声です。

「マイナ保険証」のメリットとデメリットを現実と照らして見てみると、私たちにとって、現在の保険証をなくしてまで導入する価値があるものとは、とても思えません。むしろ、先人が築きあげてきた「国民皆保険」という世界に誇れる制度を、内側から突き崩す脅威になりかねません。

社会保障制度とは、多くの国民、特に弱者を放置せず、ともに安心な生活を送っていくためのセーフティーネットです。健康保険証の廃止によるマイナ保険証への一本化は、そのセーフティーネットの根幹をなす健康保険を、弱者に優しくない制度に変えようとしています。

そして、岸田首相が掲げた「誰一人取り残さないデジタル社会の実現」とは正反対の、情報弱者を切り捨てる制度になっているのです。

第五章

介護現場は悲鳴をあげている

◎「健康保険証」が廃止されたら、施設はお手上げ！

「マイナ保険証」の義務化、「健康保険証」の廃止で、医療現場でも至る所でパニックが起きていますが、なかでも介護の現場での戸惑いは最も大きく、健康保険証の廃止で対応不可能な状況に陥るという施設が多くあります。

介護施設には高齢者が多いので、ほとんどの施設では、入居しているご老人の容態が悪化した時に備えて、本人から健康保険証を預かっています。入居者に何かあれば、すぐにその健康保険証を持って病院に行き、診てもらえるようにするためです。

けれど、健康保険証が廃止されてマイナ保険証になると、そう簡単にはいきません。

なぜなら、入居者からマイナンバーカードを預かっただけでは何の役にも立たないからです。マイナ保険証は、暗証番号と一緒に預からないと、健康保険証としては使えません。

ただ、現実問題として、それは難しい。

現在、介護施設の主力となっている特養（特別養護老人ホーム）は、全国に約1万施設あり、入居者は約62万人。この特養の入居条件は、要介護3以上なので、入居者の多くが認知症を患っています。

介護には、要支援1、2という症状が軽い段階から、日常生活全般に介護が必要になる要介護1から5までの5段階があります。特養に入居できる人の中で、要介護3は、理解力や記憶力がかなり低下している人。要介護4は、徘徊などの問題行動も増えるので常に見守りが必要な人。要介護5は、意思疎通もままならない人です。

こうした人たちの多くは、マイナ保険証の暗証番号が覚えられない。

ですから、健康保険証が廃止されたら、施設はマイナンバーカードと暗証番号をセットで預からなくてはなりませんが、暗証番号を預かるということは入居者の実印を預かるようなものです。

ある施設の施設長は、「人手不足で、個人情報の管理にまでは手が回りません。カードだけでなく『暗証番号』まで預かって何かトラブルが起きたら、すべて施設の責任問題になります。もう、どうすればいいのか、戸惑うばかりです」と途方に暮れていました。

■薬をもらうために大量の「マイナ保険証」と「暗証番号」を持ち歩く?

いま、全国には約２３０万人の介護職員がいますが、どこの施設でも慢性的な人手不足に悩まされています。

２０２３年5月時点での常用（パートを含む）の有効求人倍率を見ると、産業全体での有効求人倍率が１・10倍なのに比べて、介護サービスは３・54倍と、人手不足は深刻です。

しかも、状況は年々深刻になるいっぽうで、認知症患者が約８００万人から９５０万人になると予想されている２０４０年には約２８０万人の介護職員が必要とされる見込みですが、約50万人の介護職員が不足すると予想されています。

こうした状況になっているので、働いてくれるなら誰でもいいという施設も少なくありません。介護職の離職率は、２０２１年で見ると14・３％。全産業の離職率が13・９％ですから、定着率が高い職場とは言えません。しかも、介護の現場には、様々な業者が出入りします。前述の施設長は、「こうした、不特定多数の人が出入りする職場で、誰の手にも届かないように個人情報を管理するのは難しい」と言います。

こうした施設では、健康保険証が様々なところで使われています。

たとえば、介護施設に入居している高齢者の多くは医師から薬を処方されていますが、薬を自分でもらいに行けない人がほとんどなので、薬は一括で施設の職員が処方箋を薬局に持っていって受け取っているところが多い。

その時に、全員の健康保険証を見せて受け取るのですが、これがマイナ保険証になると、暗証番号が全員のぶん必要になります。

入居者のマイナンバーカードだけでなく、それと一対になる暗証番号も預からなくてはならないということは、たぶん、マイナンバーカードに暗証番号をポストイットか何かでくっつけておかない限り、対処できないでしょう。

こうして、マイナンバーカードと暗証番号を、わかりやすく一対にして大量に持ち歩き、紛失したり盗難にあったりしたらどうなるのでしょうか。

仮に、入居者の個人情報が大量に流出するなどということがあったら、それだけで施設の存続は怪しくなります。

それを考えただけでも、憂鬱になるという施設関係者もいます。

■「マイナンバーカード」の管理ができない施設が9割以上

全国保険医団体連合会が特養・老健施設など1219施設に行ったアンケートでは、入居者の健康保険証を預かって管理している施設が83・6％ありました。

さらに、もし健康保険証が廃止されたら、暗証番号も含めてマイナンバーカードの管理ができるかと聞いたところ、「管理できない」という回答が94％でした。健康保険証なら預かれるけれど、マイナ保険証と暗証番号を預かるのは難しいということです。

しかも、マイナンバーカードは、預かるだけでなく更新しなくてはなりません。マイナンバーカードの更新は10年ごと、マイナ保険証（電子証明書）の更新は5年ごとです。

マイナ保険証の電子証明書の更新は、基本的には本人が自治体の窓口でしなくてはなりませんが、病気、身体の障害その他の「やむを得ない理由」により役所に出向くことが困難であると認められれば、代理人が窓口に行って代理申請での交付が可能。ただ、その際には、代理である証明書類や、本人が出向くことが困難であることを証明する資料なども提示しなくてはなりません（図17）。

特養の入居者数は50人から100人が最も多く、中には100人以上収容しているという施設もあるので、マイナンバーカードの代理申請や、5年に1度とは言え、その都度代理で更新するとなれば、気の遠くなるような作業が必要になります。

やむを得ない理由	証明する資料
成年被後見人、 被保佐人、被補助人	代理権を証する書類
中学生、小学生、未就学児	生年月日が確認できる本人確認書類
75 歳以上の高齢者	生年月日が確認できる本人確認書類 （委任状に外出困難である旨の記載があれば可）
長期入院者	診断書、入院診療計画書、領収書、診療明細書、 病院長が作成する顔写真証明書
障害者	障害者手帳、 障害福祉サービス受給者証、自立支援医療受給者証
施設入所者	入所証明書類、 施設長が作成する顔写真証明書類
要介護・要支援認定者	介護保険被保険者証、認定結果通知書、 ケアマネージャー及びその所属する事業者の長が 作成する顔写真証明書
妊婦	母子健康手帳、 妊婦健診を受診したことが確認できる領収書、受診券
海外留学	査証のコピー、留学先の学生証のコピー
高校生・高専生	学生証、在学証明書
引きこもり状態にある者、 心の問題など何らかの理由で 自宅にいる者	公的サービス等の従事者が作成する書類

著者作成

図 17　代理交付の要件及び証明する資料

それを簡単に行う具体的な指針は、まだ国から示されていません。

前述の全国保険医団体連合会が各施設に行ったアンケートでも、施設でマイナ保険証の代理申請ができるか聞いていますが、できないと答えた施設が93・5%もありました。

■「在宅介護」では、施設よりもカード紛失リスクが高くなる？

施設に入居することができずに、自宅介護という人もいます。こうした人の場合には、さらに大変な状況に見舞われそうです。


在宅介護になると、カードや暗証番号の管理体制が施設よりゆるくなりがち。

「暗証番号」を忘れないように、カードと一緒に管理してわかりやすい場所に置いてあるご家庭が多いですが、在宅介護の場合、家族や介護者だけでなく、リフォーム業者や宅配業者など不特定多数の人が家に出入りするため、個人情報流出のリスクも高まります。

家に出入りする人に、個人情報を見られてしまうかもしれないということです。

また、認知症が進んでいると、様々なところにカードを置き忘れてくるので、施設よりも紛失リスクが高くなると指摘する専門家もいます。

ある要介護者を抱えるご家族に話を聞くと、

「寝たきりの母を座らせて、写真を撮って役所に行ったら、背景が無地ではないからダメと言われ、無地の背景でもう一度撮っていくと、正面を見ていないからダメと言われ、他の写真も目を閉じてしまっているからダメとか、髪が顔にかかっているなどで何度も撮り直して、やっとマイナンバーカードができました。

ただ、このカード（マイナ保険証）も10年後にはマイナンバーカードの更新があるので、また写真を撮らなくてはなりません。今でさえこんなに大変なのに、10年後に母がどんな状況になっているのかと思うとゾッとします」

それでも、家族と同居していれば、迷惑をかけながらもなんとか家族を頼ることもできるかもしれませんが、問題は、高齢で1人暮らしという人が増え続けていることです。

■国も介護支援専門員も自治体も、1人暮らしの老人のケアには後ろ向き

東京都では、半数以上の世帯が1人暮らしですが、このうち介護が必要になりそうな75歳以上の1人暮らしのご老人は、現在約52万人。これが、2030年には約62万人に増加すると推計されています。

1人暮らしで、家族も近くにいないと、介護支援専門員を頼るということになり

ます。

介護の専門家は、「現状では、介護支援専門員は利用者の在宅生活を支えるので手一杯。マイナンバーカード取得のための手続きを代行したり、それを更新したりするような手間も労力もさけないのが現実。もし、カードを紛失して再交付の手続きを取らなくてはいけないとなったら、とても手が回らないでしょうから、いったい誰がやってくれるのでしょうか」と問題提起しています。

国は、市区町村による出張申請受付方式の手続き支援を検討しているようです。イメージは、介護支援専門員の求めに応じて市区町村の担当者が該当者の自宅を訪ね、マイナ保険証と暗証番号を預かり、更新などの手続きをするということのようです。

これについて東京都の某市の市長に尋ねると「とんでもない、国がそのために人を派遣してくれたり、しっかりそのための予算をつけてくれるなら受けてもいいですが、今までのように自治体に丸投げで、あとは知りませんというようなことだと、自治体の本来の業務に支障が出るのでとても受けられません。

しかも、大切なマイナ保険証を預かって、それを紛失するようなことがあったら、これは自治体の責任になりますから、目も当てられない」。

要は、国も介護支援専門員も自治体も、役所に出向けない自宅介護の高齢者のケアには及び腰ということです。

そうなると、なんとかカードはつくっても、紛失したり5年目の更新ができない要介護者が大量に出てきそうで、こうした人に対しての明確な指針は出ていない状況です。

厚生労働省は、２０２３年2月27日、介護保険サービスを利用する際に必要な「介護保険証」も、健康保険証同様にマイナンバーカードと一体化させる方針を明らかにしました。早ければ２０２５年度にも、一部の自治体で先行導入することを目指し、２０２６年度には全国規模での運用を目指します。

介護保険証については、健康保険証のような「廃止」という方針は出ていませんが、前にも述べたように、もともと健康保険証も２０２２年６月の「骨太の方針」では、将来的に保険証の原則廃止を目指すが、「申請があれば保険証は交付される」と明記されていて、国会でも厚労相らが「カードの利用を強制するものではない」と答弁しています。

それが一転して、マイナンバーカードの普及のために廃止となったのですから、同様に介護保険証についても、廃止ということになる可能性は否定できません。

■「暗証番号なし」のマイナンバーカードって？

大混乱している介護の現場を、ますます混乱に陥れるような発表が、２０２３年７月４日、松本剛明総務大臣からありました。

認知症などでマイナンバーカードの「暗証番号」を覚えられない高齢者などを対象に、「暗証番号」を設定しなくても使えるカードを、11月を目処に交付をするというのです。

「暗証番号」がなくても、「顔認証」や目視で本人確認できればいいというのですが、63ページで書いたように、すでに顔認証については、トラブルを起こさないために認証レベルが低く設定されている可能性が高く、「顔認証」そのものを個人認証からは外して考えた方がいい状態になっています。

そんな中で「暗証番号」までなくしたら、なりすまし放題という状況になります。

今の保険証だと、年齢や性別が違う他人の保険証を窓口に提出すると、すぐに本人でないことがバレてしまいますが、マイナ保険証だと、窓口の手続きは必要ありません。しかも、「暗証番号」もなく「顔認証」もゆるゆるだと、簡単に本人になりすませるので、10割負担ではなく3割負担で診療を受けてしまうケースも出てくるでしょう。

さらに怖いのは、なりすました人が周囲から怪しまれないように、カードリーダーの「同意」をやみくもに選択し続ける可能性が高いこと。そうなれば、カードを持つ本人の医療情報に、他人の医療情報が混入されることになります。

たとえば、今まで認知症の治療をしていた人の医療情報に、なりすましによって、違う病気の若者の医療情報が混入したら、個人の医療情報自体がめちゃくちゃなことになります。

■現行の保険証と変わらない「資格確認書」

「マイナ保険証」を使わない場合、今ある健康保険証が廃止された来年秋以降は、同じ機能の「資格確認書」を使うことになります。これも基本的には役所の窓口での手続きが必要ですが、政府はこの「資格確認書」を、各家庭に送付すると言い出しています。

与党内では、公明党の山口那津男代表がこれに言及し、伊佐進一厚生労働副大臣も「全ての被保険者が必要な保険診療を受けられるように、隙間が生じないように適切に対応してまいりたい」と前向きの発言をしています。

だとしたら、なぜ今、みんなが便利に使っている健康保険証を廃止しなくてはいけないのか、なぜ、わざわざお金をかけて「資格確認書」という新しいシステムをつくらなくてはならないのか、全くの謎です。

謎というよりも、無計画なままに現場も知らずにスタートしているので、あれもダメ、これもダメと八方塞がりになっているのが現状でしょう。結局、現在の健康保険証を維持するのがコストの面でも、安全性でも一番良いのですが、いまさら「保険証の廃止」を覆せないというメンツだけで、「資格確認書」の自宅送付という、まったく無用の策をとらざるを得なくなっているのです。

■社会保障で救うべき人たちを切り捨てる「健康保険証」の廃止

介護に限らず、障害者や引きこもりなど社会的弱者と言われる人たちにとって、基本的には本人が役所の窓口に出向いて申請したり更新したりしなくてはならない「マイナ保険証」は、ハードルの高いものです。

家族が代理で取得に出向く場合には、本人が自分で書いた委任状が必要ですが、認知症で寝たきりの老人に、どうやって委任状を書けというのでしょうか。

こうした不便さを解消するために、今の保険証と同じ「資格確認書」を出すというなら、なぜ最初から、今の保険証を残すという最良の選択をしなかったのでしょうか。

そういう意味では、体制が整わないまま、見切り発車で健康保険証の廃止まで決めたことは、国の先見性のなさであり、これによって国民がどんな影響を受けるかという国民本位の考え方ができていない証です。まさに「弱者切り捨て」の暴挙だと言わざるをえません。

日本の「国民皆保険」は、いつでも、誰でも、どんな状況でも、必要に応じて適切な医療が受けられるようにつくられてきた、世界に誇れる制度です。

そこで大きな役割を果たしてきたのが、本人が請求しなくても、自動的に送られてきて、誰もが使える、便利な健康保険証だったのではないでしょうか。

これをわざわざ廃止し、申請できる人だけが医療の恩恵を受けられる制度に切り替える。そんな行き当たりばったりのことを繰り返しているうちに、健康保険制度そのものがグダグダになっていきはしないかと心配です。

これは、いったい、誰のための社会保障制度なのかと疑わざるをえません。

第六章　健康保険証の廃止で、医療崩壊が始まる

◎ありえない法改正！

人為的なミスにシステムエラーが重なり、トラブルが続出している「マイナンバーカード」。

通常ならば、これだけトラブルが頻発すれば、「ちょっと立ち止まって見直そう」ということになるはずですが、立ち止まるどころか、「加速」しているのが現状です。

法律を改正して利用範囲を拡大するだけでなく、さらには偽造防止など、今のカードよりもセキュリティを高めた新しいマイナンバーカードの発行にも着手するそうです。

デジタルの世界は日進月歩なので、「加速する」ということは必要でしょう。

ただ、マイナンバーカードの場合には、多くの人を巻き込む仕組みだけに、慎重さに裏付けられた信頼感も必要であるはずです。

そういう意味では、「信頼感」の回復よりも、がむしゃらに突き進むことを重視していると感じる今の政府のやり方は、逆に国民の「信頼感」を失う結果を招いています。

■数の力で国民生活を無視

2023年6月2日、衆議院でたった13時間という超スピード審議で参議院に回された「改正マイナンバー法案」が、参議院本会議でも賛成多数で可決されました。

この法案は、3月7日に閣議決定されたものですが、「閣議決定したからには、是が非でも法案を通さなくては」という意図が透けて見えるような速さでした。しかも、可決されたこの法案の中身は、まさに「無謀」といわざるをえないものです。

今の国民生活を大きく変える可能性があるにもかかわらず、マイナンバーカードの普及を優先し、立ち止まるどころか、何があっても数の力でがむしゃらに進む姿勢が怖いほどです。

第一章でも述べたように、この改正の中で、特に、私たちの生活に悪影響を与えそうなものは、次の3つです。

①マイナ保険証の事実上の義務化と健康保険証の廃止
②マイナンバーの利用範囲の拡大
③拒否しないと、年金口座がマイナンバーにひも付けられる。

このうち①、②については、第一章で詳しく述べましたが、ここではあらためて、この「改正」（改悪、というべきでしょう）の意味を考えてみたいと思います。

■「誰一人取り残さない」制度から、情報弱者を置き去りにする制度に変更

マイナ保険証の事実上の義務化のみならず、健康保険証まで廃止するということは、「マイナ保険証」をつくれない人を、国民皆保険から置き去りにすることになります。

そもそも、「任意」のマイナンバーカードをみんなにつくらせるために、健康保険証を人質にとるというやり方は間違っています。しかも、信頼度が高い健康保険証を廃止にすることを法律で決めるなんて、ありえない！

これは、たとえていうなら「スピードを出せないので、高速道路は走りたくな

い」という人を無理やり高速道路に乗せ、今まで走っていた安全な道路を閉鎖してしまうようなものです。

しかも、この高速道路には、どこに落とし穴があるかわからない危険が潜んでいるのです。

インターネットを使いこなせる人なら、スピードに慣れた上手な運転者で、スイスイとこの高速道路を走っていけるかもしれません。けれど、ネットに不慣れな運転下手な人は、あちらにぶつかり、こちらにぶつかりで、結局は立ち往生しかねない。

岸田首相は「誰一人取り残さない社会をつくる」と言いました。けれど、そのために健康保険証を廃止してマイナンバーカードをつくらざるをえない状況にするというのは、ネットに不慣れな「情報弱者を切り捨てる社会をつくる」ことになります。

■「資格確認書」を不便にして、「マイナ保険証」に誘導？

政府は、マイナ保険証を持ちたくない人には、「資格確認書」という健康保険証のようなものを発行するので大丈夫、とアナウンスしています。ですが、この「資格確認書」は健康保険証と似て非なるものです。

まず「資格確認書」は、マイナ保険証同様に、自治体の窓口に行って更新しなくてはなりません。それも、毎年行かなくてはならなくなるので、5年に1度のマイナ保険証よりも不便です。

当初、「資格確認書」については、マイナ保険証をつくらない罰として料金を取るという話もありました。けれど自民党内で、それは国民の反発が大きいだろうという声が出て、無料で発行されることになったという経緯があります。

マイナ保険証にしても、資格確認書にしても、今までの健康保険証のように、誰でも、どこにいても、どんな状況であっても手元に届けてくれるものではありません。つまり、申請できる人だけが保険制度に参加でき、申請できない人、しない人は制度から弾き出されることになりそうです。

繰り返しになりますが、岸田首相がいう「誰一人取り残さない」とは正反対の政策です。そこで取り残されるのは、寝たきりの高齢者、認知症の人、障害があって出歩けない人、引きこもりの人など、本来ならば「健康保険制度」でより手厚いケアを必要としている人たちです。

■気づかぬうちに財産情報が筒抜けに

そして、③の年金口座のひも付けです。

自分が知らないうちに、自分の年金口座や公金受け取り口座、銀行口座が「マイナンバー」にひも付けられていたら、これを快く思う人は、たぶんいないのではないでしょうか。

けれど、うっかりしていたら、そうなってしまうかもしれません。

日本年金機構が受給者に、年金の振込先を「マイナンバー」とひも付けるかどうかを確認する文書を郵送し、登録したくない人は「不同意」というところにチェックして送り返さなければ、自動的に「同意」することになる法改正が行われたからです。

年金については、様々な通知が来るので、全部をしっかりと読んでいない人は少なくありません。けれど、面倒だと放っておくと、これからは自分の年金受け取り口座がマイナンバーにひも付けられても、文句は言えないということです。

これに対しても日弁連は、「公金受取口座とマイナンバーのひも付け登録には、名義人の積極的な同意を求めるべきであり、名義人が知らないうちにひも付けされてしまうような方法をとるべきではない」と抗議の声明を出しています。

政府は、この「拒否しなければひも付ける」という方法を、年金受け取り口座だけでなく銀行口座など様々に広げていくようです。

当初、「銀行口座のひも付け」を、国は義務化しようとしていましたが、財産や口座情報を国や自治体に把握されることへの国民の反感が強く、見送りとなった経緯があります。

ただ、これは見送りになっただけで、将来的には義務化される可能性は大きいでしょう。

公金口座を「マイナンバー」にひも付けるメリットとして、政府は「公金がすぐに受け取れる」とアピールしています。

けれど、あのコロナ禍の中でさえ、日本政府は全国民にはたった１回、10万円の支給しかしませんでした。そんな政府が、この先、いつ、いくら、給付金をくれると言うのでしょうか。

ちなみに、アメリカではコロナの現金給付は３回におよび、総額が８５００億ドル、日本円にすれば１２０兆円ですから、日本の国家予算の１年ぶんの給付金を出しています。

ドイツも、当時のメルケル首相が、それまでの緊縮財政を方向転換し、「国民に寄り添う」と宣言。一転して大規模な給付を行っています。

結局、「給付するから」というのは口先だけで、国民からなんらかの形で税金を絞りとるためなのだろうと思っている人は多く、マイナンバーカードの取得者は９０００万人超なのに、公金口座をひも付けている人は５６００万人です（デジタル庁のデータによる。２０２３年6月18日現在）。

◎「国民皆保険制度」崩壊の危機

２０２０年から２０２２年にかけて、日本は「新型コロナ」という大きな災いに直面し、医療崩壊の危機に直面しました。

この危機をなんとか乗り越えられたのは、国民全員が力を合わせて協力しあったから。中でも、世界に冠たる日本の医療体制と、現場で過労で倒れる寸前になりながらも踏ん張った医師たちの献身的な働きがありました。

そのコロナ禍がひと段落して一息ついた日本の医療の現場に、今度は「マイナ保険証の義務化」と、「健康保険証の廃止」という政府が決めた「人災」の激震が走っています。

しかもこれが、日本の医療制度を、内側から崩壊させていく危険をはらんでいるのです。

■5年後には無保険者が急増!?

おそらく5年後には、国民皆保険から抜け落ちていく人が急激に増えるでしょう。

なぜ5年後かといえば、この1年のあいだに、マイナポイントにつられて「マイナンバーカード」をつくって「マイナ保険証」をつくった人が、また役所へ行って電子証明書の更新をしなくてはならないからです。

「最大2万円のポイント還元」のキャンペーンが、どれだけ大きな効果を上げたかは、次ページのグラフを見ればはっきりするでしょう。

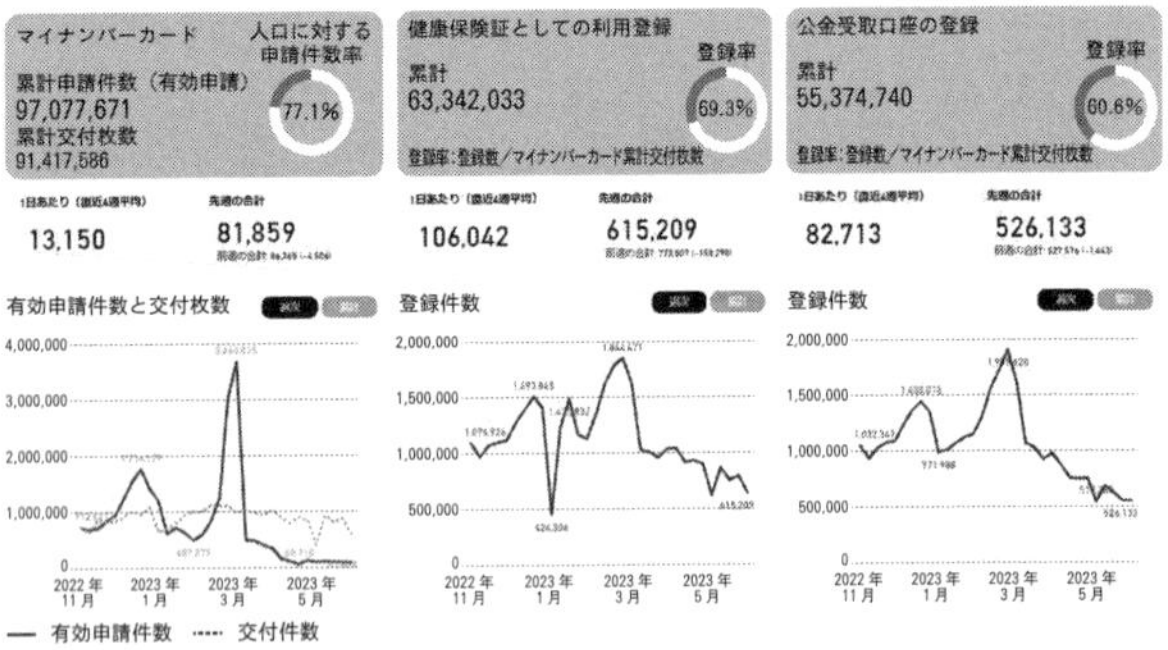

政策データダッシュボード　デジタル庁2023年6月6日

図18

加入者が急激に増えているのは、２０２２年９月末、２０２２年12月末、２０２３年２月末の３回。ポイント第二弾は、締め切りが2回延期されていて、その2回と最終締め切りの2月末に、大きな山ができているからです。便利だとか必要に迫られて「マイナンバーカード」をつくったのではなく、マイナポイントがもらえるからつくったという人が多いことがわかります。

ちなみに、マイナンバーカードは、「マイナポイント第一弾」では約40%の加入率で、締め切りは、当初は２０２１年３月末でした。図18にはありませんが、これが1回目の大きな山。その後、

「マイナポイント第二弾」により、約1年で、マイナンバーカード加入者は70％を超え、マイナ保険証にも約５０００万人が加入しています。

　この５０００万人のうちどれだけが、「マイナ保険証」（電子証明書）の更新を迎える5年後に、ポイントももらえないのに、わざわざ混雑する自治体の窓口に更新手続きに行くでしょうか。駆け込みで申し込んだ人の多くは、「マイナ保険証」の必要性を感じたというよりも、ポイントにつられて申請していて、中には、5年後の更新についても知らない人がいるでしょう。暗証番号を忘れてしまったり、覚えていても何時間も役所の窓口で待たされた苦い経験を持っているので行きたくないという人もいるはずです。

　そうなると、5年後には更新できない、しないという人も多数出てくる可能性があり、その時に「健康保険証」が廃止されていたら、無保険者が増大することが予測されます。

くるでしょう。

■若者の「公的保険離れ」が進む?

病気になる確率が低い若い人の中には、保険がなくても気にしない人も多く出てくるでしょう。

日本は国民皆保険なので、表面的には誰もが何らかの保険に加入しているはずですが、実は、無保険者も多くいます。厚生労働省のデータでは、国民健康保険の保険料を払えないで滞納している世帯が約195万世帯あり、滞納率は11・4%です。このうち約3割の世帯は、滞納を理由に正規の保険証を取り上げられています。

滞納の理由で大きいのは、国保の健康保険料が高いこと。単身者で年収200万円なら年間約17万円、年収300万円なら約25万円、年収400万円なら約34万円を支払わなくてはなりません。しかもこの保険料は、自分から納めに行かなくてはいけない仕組みになっています。

それでも今は、健康保険組合などに健康保険証の発行・送付が義務付けられているので、保険証が手元に届く限りは保険料を支払わなくてはならないと思っている人も多いでしょう。

けれど、「マイナ保険証」は、本人が申請しない限り交付されません。そうなると、わざわざ高い保険料を支払う理由はない、と考える人も出てくるでしょう。

こうして、収入が低い若者には、爆発的に無保険者が増えていく可能性がありま す。

■75歳以上は保険難民になる！

では、今まで、まじめに国民皆保険制度を支えてきた高齢者はどうでしょうか。

5年後の2028年には、日本は高齢化のピークを迎えます。1995年には、

75歳以上が718万人でしたが、2028年には約3・1倍の2246万人になります。

75歳以上になると、介護施設への入居希望者も増大しますが、それだけの人数を収容しきれないというので、厚生労働省は自宅での介護を勧めています。そうなると、本人がカードを紛失したり、更新ができないと、しわ寄せは家族にいきます。

しかも、この5年で、家族がいない「おひとりさま」の高齢者も急増することが予想されています。東京都には、現時点で75歳以上の単身高齢者が50万人以上いますが、これが5年後には60万人になると予想されています。

彼らの多くが自宅介護になったとき、だれが「マイナ保険証」の更新手続きをしてくれるのでしょうか。

本稿の執筆段階では、保険証の代わりに「資格確認書」を自宅に送付するという話が唐突に飛び出しましたが、まだどうなるのかはわかりません。

もし、この話がたち消えになると、第四章でも書いたように、デジタル時代に取り残されそうな高齢者は、確実に国民皆保険から脱落していくでしょう。

若者や老人の多くが抜け落ちた国民皆保険。しかし、そうなると支え手の数が減るので、当然ながら保険料はうなぎのぼりになります。

日本が世界に誇ってきた国民皆保険は、保険料が高い→保険から脱落する→さらに保険料が上がるという悪循環に陥って、崩壊の道を辿っていくのでしょう。

◎なぜ日本のＩＴ政策はことごとく失敗するのか

これまで日本政府が行ってきたＩＴ政策は、惨敗の歴史でもありました。

日本政府が２０００年末から１年間かけてネット上で行った、インターネット博覧会「インパク」を覚えておられるでしょうか。

デジタル時代が来るというので、政府主導で行われた大々的なネットイベント。開会式は、沖縄から20世紀最後の日没を配信し、兵庫ではカウントダウン花火大会を開くというハシャギかたで、翌朝は、北海道の納沙布岬、富士山、京都、沖縄など全国７カ所をつないで21世紀最初の日の出の中継をしました。

しかも、開催中は、著名タレントを起用したり、多額の広告を新聞や雑誌に掲出したり、テレビＣＭも流すなど、注ぎ込まれた予算が１１０億円にものぼりました。

しかし、イベント終盤に行われたアンケートでは、８割が失敗と回答。すでにサイトも削除され、なかったことになっている幻のイベントです。

なぜ失敗したのかといえば、簡単です。総務省が「ブロードバンド元年」と大々的に宣伝したのですが、自宅のパソコンからアクセスする大容量通信のブロードバンド回線を備えた世帯はわずか1割にも届きませんでした。総務省は大金をかけて立派なパビリオンをネット内につくりましたが、一般の人には重すぎて、閲覧しにくい状況でした。

つまり、現状を考えず、環境が整わないのに構想だけが先走って失敗し、税金を無駄遣いしたのです。

■コロナで露見、日本のＩＴオンチ度と業者との癒着

コロナ禍でのＩＴ政策も、大失敗でした。

コロナ感染者のデータを医療面で一元的に管理するという触れ込みのコロナ情報システム「ＨＥＲ-ＳＹＳ（ハーシス）」は、コロナで疲弊した医療従事者をさらに苦しめるだけの結果となり、効果が見えないまま尻つぼみになってしまいました。

読売新聞オンラインによれば、厚生労働省には、２００９年の新型インフルエン

ザの教訓から、７年かけて開発した「症例情報迅速集積システム（ＦＦＨＳ）」というシステムがあったのに、なぜか使われずに、コロナ発生後に急きょ開発が始まった「ハーシス」を導入したのです。

すでに開発していたＦＦＨＳは入力項目を７つに絞っていたのに、「ハーシス」の入力項目はなんと１２０にも及びました。これに打ち込んで送る作業が、コロナに疲弊している医師たちに徹夜を強いることになり、医療現場を混乱させました。

つまり、開発したものを使わず、新しく作ったものは大失敗で、二重に税金をドブに捨てたということです。

さらに、新型コロナ対策の切り札として鳴り物入りでスタートした接触確認アプリ「ＣＯＣＯＡ（ココア）」も大失敗しています。それだけでなく、開発を随意契約で委託されたＩＴ企業が、契約金額の９割を超える費用で別の３社に再委託しました。つまり、お金の中抜きをしていたのです。厚生労働省は不具合が報告されながら長期間放置していたばかりか、この原則禁止している再委託比率も「例外的に」認めていました。

これはもはや税金の無駄遣いの域を越えて、犯罪に近いでしょう。

この「ＣＯＣＯＡ」は、システムそのものが機能せず、廃止されたので、業者との癒着も、うやむやのまま終わっています。

■ＩＴでコロナを封じ込めた台湾との違い

どうして日本政府のＩＴ政策はことごとく失敗するのか。

コロナをＩＴの力で封じ込めた台湾と比べてみると、その理由がわかります。

２０１６年に35歳で入閣したオードリー・タン（唐鳳）がデジタル担当大臣を務める台湾は、ＩＴが遺憾なく力を発揮して効果を上げ、世界的に高い評価を受けました。

マスク不足に対して、台湾では6000以上ある販売拠点の在庫が30秒ごとに更新されるという「マスクマップ」をつくりあげました。それに対して、日本では、多額の税金を使い、何カ月もかけて「アベノマスク」を郵送し、配りきれずに在庫を積み上げて国民の批判を浴びただけでした。

オードリー・タンは現在でも台湾政府でDXを推進していますが、基本は、政府のデータをオープンに開放し、市民から意見を聞き、それらの意見に政府が回答・説明し、それを徹底していくという方式で進めています。

つまり、DXを利用する一般の人のニーズを徹底的に拾いあげ、多くの人が満足するシステムにすることを最も重視しているのです。

■60年かけてDXをなしとげたフィンランド

デジタル化先進国のフィンランドでは、税金や医療など、あらゆる個人情報が、DXで一元管理されています。同国では、1960年代前半に個人識別番号が導入され、以来60年間、どうすれば国民生活が便利になるかという視点でシステムがつくられてきました。

特に、デジタルが苦手だという高齢者のサポートに力を入れ、開発されるシステムも「ユーザーフレンドリー」をモットーとして、使う側の視点に立った開発を進めてきました。以前、フィンランドの技術者の方にインタビューしたら、「使う人が、『便利でメリットがあるので、ぜひ使いたい』と思わないようなものは、つくる意味がない」と言っていました。

日本のDXについてどう思うかと尋ねると、「日本は、ロボットや人工知能など、世界をリードする素晴らしい技術がありながら、それが国民の幸せのために最大限活用されていない気がする」と言っていました。

日本のＤＸは、市民の声を聞かずに、政府内の都合や、財界や産業界の声ばかり聞いているように思えます。だから、健康保険証ひとつ取っても、便利になるどころか、かえって私たちには不便になるばかりです。

政府の独断で私たちの大切な個人情報が民間に利用されるとなれば、誰もが思うのは「天下り先の拡大か」ということでしょう。

■「あすなろ村の郵便局」という夢物語

日本と台湾、フィンランドの違いは、「机上計画主義」と「現場主義」の違いです。

台湾では、シビックハッカー（市民や社会の課題解決のためにサービスを開発するエンジニア）という、社会問題を現場から解決する技能を持った民間人を大切にして、彼らの知恵を使い、コロナの現場で起きていることを解決して、蔓延を防ぎました。

フィンランドでは、携帯端末世界最大手だったノキアから独立した若者たちが起業し、現場からの声を反映させたシステム構築に参加しています。

いっぽう日本は、多くの計画を、現場を知らない霞が関の官僚と政治家、そしてあわよくばその計画のおこぼれにありつこうという企業が群がり、利権と裏表の関係にある案件が多く、その中だけで進んでいる感があります。

今から約20年前、当時の小泉純一郎首相が郵政民営化を政局の道具として利用し、それを正当化するために、幹事長だった武部勤氏が「あすなろ村の郵便局」という紙芝居をつくりました。郵便局を民営化すれば、過疎地にコンビニができて、老人たちは喜び、日本全体がバラ色になるというお話です。

けれど20年後の今、郵政民営化でコンビニができるどころか、郵便局は次々と過疎地から撤退していきました。田舎に残った郵便局では、生き残りのために、おじいちゃん、おばあちゃんを騙して保険や投資信託を売りつける悪質な事件が多発し、国から行政処分を受けるに至っています。

もういちど立ち止まって、ユーザーである国民の声に「聞く耳」を持たなければ、マイナンバーカードも同じ失敗を繰り返すのではないでしょうか。

座談会

「健康保険証」廃止の撤回を！
——全国保険医団体連合会と語る

保険医（保険医療機関において健康保険の診療に従事する医師）の生活と権利を守り、保険で良い医療の充実・改善を通じて国民医療を守ることを目的に活動する全国保険医団体連合会（保団連）には、全国の開業医の63％が加入しているが、２０２４年秋の健康保険証廃止の撤回を訴えている。「マイナ保険証」義務化によって何が起こるのか。会長の住江憲勇氏、副会長の竹田智雄氏にうかがった。

荻原博子（以下、荻原）「マイナ保険証」が義務化されましたが、住江会長はどう思われていますか？

住江憲勇（以下、住江） 国会で充分な審議をしないまま、「骨太方針」という閣議決定で決めてしまうというのは、「国会は、国権の最高機関であって、国の唯一の立法機関」と定めている憲法41条を軽視し、国民主権をないがしろにしているとしか言いようがありません。しかも、中央社会保険医療協議会（中医協）に諮問された時、一般の診療所（医科、歯科）のレベルでの議論の参考となったのは、わずか

5診療機関のサンプルでした。

荻原　えっ、たった5診療機関ですか？　それで、「現場の声を聞いた」と！

住江　そう。こんなやり方は、「適正手続きの保障」を定めた憲法31条違反です。そもそも、2022年6月の骨太方針では、「健康保険証」の原則廃止を目指すとしていましたが、具体的な時期については徐々に様子を見ながらということでした。それを、10月にいきなり河野太郎デジタル大臣が、2024年の秋に廃止すると発表した。

荻原　「健康保険証」のことですから、デジタル大臣が発表することではなく、管轄の厚生労働大臣が発表してしかるべきで、筋が通りませんよね。おかげで、医療の現場は大混乱でしょう。

竹田智雄（以下、竹田）　本当に大変です。今でも「マイナ保険証」を導入した医療機関の6割がトラブルを経験しています。「マイナ保険証」を使う人がもっと増えたらどうなるのか。想像するだけでも恐ろしい。医療現場は止まります。

著者

住江　まだかろうじて「健康保険証」があるので対処できますが、無くなったらと思うと、本当に恐ろしいですね。

竹田　同感です。「健康保険証」がなくなっていく来年の秋以降は、パニックでしょう。パニックどころか、医療崩壊です。やっとコロナに持ちこたえてきた医療現場が、こんなことで機能停止に追い込まれるなんて、ありえない話です。

荻原　２０２３年４月からのオンライン資格確認のシステム導入の原則義務化については、会長や医師の皆さんの涙ぐましい努力のおかげで経過措置が取られることになりましたが、ただ、強引に進めていくのは変わらない。

竹田　他人の個人情報が出てくるなどということは、言語道断。しかも、患者さんにも、医療機関にも落ち度はないのに、有効なはずの保険証が使えず患者が10割負担する。そんな馬鹿なことは、今までなかったでしょう。

住江　本来なら、こんなにトラブルが多発して混乱したら、厚労省が「ちょっとデジタル庁、待て」と言うべきでしょう。いったん運用停止し、きちっとどこに問題点があるかを解明し、対策を施してから、二度とトラブルを起こさないということを前提に再出発する。そういうことを、厚労大臣が言うべき。

竹田　そのためにも、「健康保険証」の来年秋の廃止を撤回する。せめて、延期する。そうすれば、少なくとも現在の混乱は回避できます。

住江　共同通信の世論調査（２０２３年6月17、18日実施）でも、72％が撤回もしくは延期と言っている。日本の国民皆保険制度は、「健康保険証」でしっかりとした診療を保障しているから、資格があっても無保険者扱いになるなんて、ありえないことです。制度を作るなら、ヒューマンエラーが出ないように制度設計するのが大前提。ところが、そうなっていないだけでなく、首相も大臣も、何の責任も取ろうとしない。あまつさえ、自治体などに責任を押しつける。危機意識がなさすぎると言わざるを得ません。

荻原　おっしゃるとおりです。

住江　ですから、保団連は、直ちに運用を停止して、全容を解明し、きっちり問題点を明らかにして解決策をつくれと再三言っている。ところが、国民に自分の情報が正しく登録されているか自己責任で確かめろと言って、DXを進めると言うのですから、心配を通り越して、怖くなります。

■「医療DX」で医療の標準化、画一化を促進

荻原　医療DXは、患者の個人情報とデジタル技術を活用して、サービスの効率化や薬品の開発など、医療の質を向上させるとしていますが、こんなにトラブルだらけで不安定な中で、本当に私たちの生活を豊かにする医療DXができるか疑問です。

住江　そこが問題です。医療DXを進めて医療ビッグデータをつくり、民間に利活

用させるとか、社会保障費用の抑制のために使うと言いますが、普通はこんな状況では進められないはずでしょう。ところが、トラブルについては「遺憾に思う」とか「万全を期す」と言いながら、あくまでも運用は停止しない。ダラダラ続けて、そのうちマスコミの追及も国民からの追及も薄れていくだろうと。それを狙っているとしか思えない。

竹田　会長のおっしゃるとおりです。デジタル化は人々を幸福に導く技術のひとつであることは確かですが、それはみんなで検証してつくりあげるもの。「医療界は遅れているから」と、無理やり個人情報を集めてDXという手法で画一的に強引にやるべきものではありません。そんなDXに、何の意味があるのでしょう。

荻原　そうですね。みんなの総意で、みんなを幸せにするためのものですよね。

住江　そもそも、「効率化」と言いますが、医療の現場では、たとえば、病気の診断名は同じでも、症状や経過は百人百様みんなちがうものなんです。必要なのは、個人の症状に合わせた治療でしょう。それでは手間暇やコストがかかるので画一的に診察して薬を出そうというのがＤＸ推進派の狙いです。でも、そうした医療の画一化が、はたして患者の幸せにつながるのでしょうか。推進派は、医療を標準化、画一化すれば、安上がりになると言う。けれど、現場の医療者は、患者に対して「あなたはこれだけ社会保障給付を受けているから、治療はここ止まり」なんて言えないですよね。

■民間に個人情報を活用させる

荻原　医療ＤＸについて言えば、患者の個人情報を集めて、その情報を活用して医療に役立てる目的のほかに、こうした情報をビッグデータというかたちで民間に提供していこうという目的があります。この個人情報は、建前としては、個人が情報を載せることに同意したということになっていますが、病院の受付のカードリーダーに「マイナ保険証」を置いた際、「過去の健診情報を当機関に提供することに同意しますか。この情報はあなたの診察や健康管理のために使用します」と書かれていて、「同意する」「同意しない」のボタンがあったら、だれもが診察に必要なのだろうと思って「同意する」を押す。その個人情報が、民間企業で使われていくことに自分が同意しているなんて、思いもしないことでしょう。

住江　そうです。同意しないと良い医療が受けられないと思い、同意を押す。しかも、それが手術情報、診療・お薬情報、健診情報と3回も同意する画面が表示されますから、もう機械的に同意を押しますよね。それで個人情報を根こそぎ提供してしまうなんて、まったくおかしな話ですね。

荻原　今のところ載っているのはレセプト（診療報酬明細書）情報ですが、25年くらいから、電子カルテ情報も載せるということです。カルテの情報を載せられたら、医師の守秘義務はどうなっちゃうんでしょう。それで情報が漏れたら。

竹田　守秘義務違反は医師法違反なので、医師免許取り消しの危険もある。

荻原　それはたまらない。電子カルテは、たとえば、診療を受けた病院が内科だったとして、別のどこの医療機関でも見られるようになるということなんですか？

竹田　そうですね。患者の個人情報は、本来は患者さんと診察した医師との間のやり取りが基本。それが、「全国医療情報プラットフォーム」（101ページ参照）で、アクセスできた人だと誰もが見られる可能性がある。まだ詳細は見えていないので断定はできませんが、情報漏れについては、医者としてやはり心配ですね。たとえばＨＩＶなどの感染症や、差別につながりかねない医療情報もあります。

荻原　そうですよ。それに、レセプト情報だって誰かに見られたら嫌なのに、そこにカルテが載ったら、すごい詐欺とかがいろいろと出てきそうですよ。「この金持ちのオヤジはすぐ死にそうだ」と思われたら、遺産を狙われることもあるかもしれない。

竹田　それが現実になる可能性は十分あると思います。

■地域での連携ネットワークを活かそう

住江　医療DXなんていう、全国規模の情報ネットワークをわざわざつくらなくても、いま全国には、地域医療情報連携ネットワークが270くらいあり、地域の患者さんのカルテ情報なども管理しながら、きめ細かな診療をしています。

荻原　地域医療情報連携ネットワークとは、どんな仕組みですか？

住江　これは、適切な医療、訪問看護サービス、介護サービスを提供していくために、患者の同意を得て、病院、診療所（医科・歯科）、薬局、訪問看護事業者、訪問介護事業者などで患者の医療情報を電子的に共有・閲覧できる仕組みです。マイナンバーカードのように、年金だ、運転免許証だといろんなところにひも付けられず、そこで完結しているので、情報漏れの心配が少ない。

竹田　会長が言われるように、大きなネットワークになればなるほど情報漏れの危

住江憲勇会長

険は大きくなる。そもそも北海道の患者さんに、九州の人の情報はほとんど必要ありませんから、こうやって必要な情報が地域でネットワーク化されていけば、それで事足ります。

たぶん、国民の皆さんは、カルテの情報が共有できていれば便利だよねと思われるでしょう。私も医師の立場として、そう思います。たとえば、手足が痺れるという患者に対して、「糖尿病かもしれない。脳梗塞かもしれない。あるいは頸椎から来ているかもしれない」などと選択肢を考えます。そうすると、内科と脳外科と整形外科に行って検査しなければなりませんが、それら複数の情報が手元にあれば、原因と治療法を導けるということです。医師たちが便利だと考えているのは、そういうことなんです。ですが、現在でも、患者の同意があれば、他の病院と連携してカルテの情報を取り寄せることができて、日常的に行っています。それをあえて様々なリスクを抱えるマイナンバーカードを使って、電子カルテをすべての医療機関に導入させた上、全国的につなげることまでやる必要性があるのかということなんです。

荻原　確かに、全国規模のＤＸの高速道路をつくる意味はないですね。

竹田　そうです。そういう地域ネットワークや日常診療上でのやり取りが既にあるにもかかわらず、それとは別に、全国規模の医療ＤＸのために医療従事者にＮＴＴの回線を引くことを命じている。診療所では補助金は42万９０００円まで出ますが、システムを導入するのにかかっている費用の平均を見ると70万円くらい。中には２００万円かかったという人もいる。しかも、その後のランニングコストなども考えると、誰が儲けているんだと言いたくなる。これが電子カルテとなれば、整備上の負担と金額規模は莫大なものとなります。

荻原　すでにお医者様たちが便利に使っている情報共有のツールがあるなら、それをより拡充していった方が、安全でよっぽど安上がりなのに、それでは民間業者の儲けにはならないのでしょう。医療ＤＸは、財界にとっても宝の山。政府の顔は、完全に国民ではなく財界に向いているようなので、強い要請があったら断れないのでしょう。

■マイナ保険証で「不便になりますね」という声

住江　１９６１年に、健康保険が国民皆保険制度になり、その後六十数年かけ不便なところを改善しながら知恵を絞ってみんなでつくり上げてきたのが今の制度です。もちろん、時代に合わせてＩＴ化していくことは大切ですが、そういう制度は、政府、財界を潤すためのものではなく、患者さんと医療従事者の便利さを第一に推進していくべきです。

竹田　そうです。患者さんは受付で戸惑っている。私の診療所は岐阜にありますが、おじいちゃん、おばあちゃんが多い。自分は、「マイナ保険証」が何かわからないけれど、ポイントのために子供につくらされたという人が多い。今は「マイナ保険証」と「健康保険証」を両方持ってきてもらっていますが、「健康保険証」が無くなる法律ができましたと説明すると、「不便になりますね」という。「便利になりましたね」と言う人は、まずいませんね。

住江　「マイナ保険証」を使えば、医療機関での待ち時間が短縮されるとか、薬情報がつかめると政府は宣伝していますが、医療機関での待ち時間が長いのは、低診療報酬政策や医師不足、スタッフ不足によるもので、「マイナ保険証」を使うからと言って、それが解消されるわけではありません。そういう低医療費政策を棚に上げて、それをマイナ保険証が必要な口実に使うこと自体、盗人猛々しいと言わざるを得ません。

荻原　本当に、国民を騙そうとしている気がしますね。

住江　薬情報については、レセプト情報ですから、ひと月半ぐらいタイムラグもあり、大金をかけて医療ＤＸなどつくるよりも、リアルタイムにもらった薬内容を書き込んでいる「お薬手帳」のほうが、はるかに便利です。

荻原　すでに、「ｅお薬手帳」といって、手持ちのスマートフォンなどで薬の情報を管理できる、紙のお薬手帳と同様の電子版のお薬手帳もありますから。

■「HER-SYS地獄」で苦しむ現場

荻原　政府が進めるＩＴ政策が成功しないのは、利用する人に「便利になった」と感じさせるような視点が欠けているからでしょう。たとえば、新型コロナで、感染者の情報を医療機関、保健所、都道府県などが電子的に入力し、一元的に管理するということで登場した「ＨＥＲ－ＳＹＳ」というシステムがありますが、これが、入力するのにあまりに項目が多すぎて、コロナで疲弊しているお医者様を、さらに苦しめることになったと聞いています。

竹田　本当に「HER-SYS地獄」と言ってもいいくらい（笑）。1日に100人くらいのコロナ患者がやってくると、その情報を「HER-SYS」に打ち込むだけで、夜中どころじゃなく、明け方までかかる。ですから、仮眠さえもとれずに、そのまま次の日の診療に入らなくてはならないので、もう、大変でした。

荻原　「HER-SYS」のために、寝ないで診療ですか！

竹田　ええ。死ぬかと思いました。コロナだけでなく、「HER-SYS」も重なって。

荻原　確か厚労省は、コロナが落ち着いた頃に入力項目を減らすなどしてましたよね。

竹田　今頃そんな入力項目を減らしても。もっと最初から簡便にしておくべきでしょう。入力が大変なだけでなく、保健所とのやり取りにも結構時間がかかりました。

荻原　それで、成果はあったんでしょうか？

竹田　どうなったんでしょうか。苦労してデータは送ったけど、その後、何の音沙

竹田智雄副会長

汰も報告もない。情報を吸い上げておしまいです。あの情報は、誰がどう使ったんでしょうか。それとも、あれだけ大変な思いをさせておいて、お蔵入りですかね。私たちが、そうした現場の状況を訴えると、現場の医系技官（医師の資格を有する国家公務員）の方なんかは「本当にそうですね」と共感してくださるんですが、彼らにもどうしようもなくて、「とりあえず上からの政策ですから、申し訳ありません」ということになってしまう。

住江　官僚も政治家も、「雇用主は国民。ですから、現場の意見に耳を傾けて「こうあるべきだ」と上に言うのが官僚の矜持だと思うのですが、組織の中だと、国民よりも上の言うことになってしまう。それで、ますます医療の現場は疲弊していく。

■「マイナ保険証」で廃業に追い込まれる

荻原　「マイナ保険証」に話を戻すと、「マイナ保険証」のために廃業する医療機関が出てきているということですが。

竹田　そうですね。「マイナ保険証」の体制を整備しなければ療養担当規則の違反になり、保険医取り消しと言われたので、少なくない医科・歯科医師が煩雑《はんざつ》な体制整備についていけず、廃院を選択したとの相談が寄せられています。さらに、猶予届を出していて、どうしようか迷っている方もたくさんいます。

荻原　やはり、「マイナ保険証」のせいで、医療機関の廃院が起きているんですね。

竹田　そうです。私の知っている方も、コロナに散々振り回され、最後は職員も雇えなくなって、それでも奥さまと2人で頑張って医院をやっていたのですが、「マイナ保険証」がトドメとなって、もうこれ以上は医者を続けられないと、廃業届を出しました。それでも、これまで医者として多くの方を助けてきたので、その志だけはまっとうしたいということで、今はいじめや虐待の問題にかかわるＮＰＯ法人の活動をボランティアで行われています。山の中に1軒だけあった小児科で、いつでも子供に寄り添って丁重に診てくれる立派な先生で、まだ60代半ばだったのに。

荻原　ひどすぎますね。まだ5年も10年も働ける医科・歯科医師が、医療現場から去らなくてはならなくなるなんて。国家的にも大損失ですね。

竹田　70歳を過ぎても、地域から愛されて貢献している医者は、たくさんいます。ただ、ＩＴは苦手で、来る患者さんも「マイナ保険証ってなんだ？」というおじいちゃん、おばあちゃんばかり。そうした医者が、ポツリポツリと地域から消えていくと、これは医療崩壊につながります。地方には、病院がたったひとつしかないという地域がたくさんあり、本当に1人で頑張っておられる先生たちがたくさんおられる。文字通り、地域のかかりつけ医です。そういう方に辞められてしまうと、患者さんは辛い思いをして山を越えて隣町の診療所まで行かなければならなくなります。

■日本から「Dr.コトー診療所」が消えていく！

荻原　昔見たテレビドラマに「Dr.コトー診療所」という、無医村の離島で多くの人を助ける医師の話がありました。住民のために1人で奮闘している医師に住民たちも共感し、苦楽を共にしていくという心温まるドラマでした。そういう診療所に、無理やり「マイナ保険証」の機械を入れられても、負担が増えるばかりでかえって迷惑になる？

竹田　そうなんです。ですから、せめて「健康保険証」を残し、医療機関で併用できるようにしておくべきでしょう。

住江　そもそも、義務化というのが間違っています。日本の医療事情は、地域によって大きく違います。官僚たちは、そういうのを十把一絡げに考えているようですが、地域で住民に寄り添いながら日々みなさんのために診療に従事している医者は、それぞれが最良だと思う方法で仕事をしている。それを上から画一的に型にはめ、嫌ならやめろというやり方は、憲法で保障されている職業選択の自由や財産権、幸福追求権、さらには患者が医療を受けられなくなるという意味では生存権など、さまざまな権利にも抵触してくる問題ですね。

荻原　確かに。この国のかたちを変えてしまうということですから。

竹田　そうです。医者は、どんな現場であろうとも、困っている人を治療し、寄り添って何とか頑張ってもらうように声をかけて救っていこうとする。そういう発想のないところから、現場の理解と説得を全く無視した指令がきて、状況に合わせられないなら、もうそういうところは消えてもらえばいいという。本当に、冷たいメッセージですね。

住江　医療の現場を尊重するなら、わざわざ「マイナンバーカード」で医療情報を他の情報と同列に並べなくても、たとえば、今のプラスチックの「健康保険証」に

ＩＣチップをつけて、医療関係者や患者本人が見られるようにする形でもいい。

荻原　その通り。そのほうが、簡単で安上がりだし、情報漏れも防げる。

住江　それができないのは、それではビジネスにならないからです。先ほども話したように、全国各地には地域医療情報連携ネットワークがあり、これらの情報は、他の情報とひも付けされていないので情報漏れの心配がない。国はこうした取り組みを真剣に後押しすればよい。でも、これでは、ビジネスにならないのでしょう。

■ビジネスを意識した医療ＤＸ

荻原　政府のＤＸは、ビジネスを意識したもので、医療だけではなく介護でも何でも情報がみんな入ってくる。なんでも一緒くたにした個人情報の高速道路をドーンとつくって、さあ企業の皆さん、どんどんこれを商売に使ってくださいということです。

それが、国民にちゃんと説明されていない。知られたら、かえってまずいと思っているのかもしれませんね。

住江　ちゃんと知って、怒るべきですね。コロナで医療機関も疲弊していますが、介護施設も大変な状況。昨年の2022年だけでも全国で約200施設が倒産し、一時閉鎖なども合わせると約500施設に及ぶ。これもあくまで報告されている分だけです。そんな惨憺たる介護事業者に、カードリーダーやカードの管理などの環境整備を迫ったら、さらに倒産する施設の数は増えて、医療難民以上の介護難民が出てきますよ。

荻原　今のままだと、医療崩壊が進むだけでなく、介護崩壊も進んでいく。多くの人が無保険者になって、大規模な災害などで停電でもしたら、「マイナ保険証」は使えないですから、無保険者かどうかも確認できないまま、治療にあたる。そうなると、医師も経済的に不安定になりますね。

住江　経済的な問題は、医療経営では無視できない。「マイナ保険証」の確認がとれなくても、マイナンバーカードさえあれば、患者は3割負担でいいようにマニュアルを改定したと首相は言いました。でも、「残りの7割を国が出す」とは言っていない。誰が負担するのかは、まだ決まっていないんです。もしかしたら医療機関が負担させられるのではないかと、現場は恐れています。それでも緊急時なら、医者は懸命に命を救いますが、そのあとの経済的なことはどうなるのでしょうか。

竹田　医者である以上、全力を尽くして1人でも多くの人を救おうとみんな頑張る。そうした頑張りで、コロナでの医療崩壊も、なんとか現場で食い止めてきましたが、だからといって医者だけに頼られても困る。国が医療機関にマイナ保険証を押しつけて、さらに医療機関の負担なんて、ありえないでしょう。

荻原　経済的に追い詰められていく医療機関が増えれば、当然ながら廃業も増え、医師も減る。そうなると、患者も困る。こんな悪循環が起きてきたら、本当に誰のための医療ＤＸかということになります。これでは、「誰一人取り残さない」ではなく、「取り残しまくりで、誰かが甘い汁を吸うだけ」ということになりかねない。

住江　医者にとっては、ビジネスよりも人命なんです。そのために、医者になった人は多い。その「患者を一人も取り残さない」という医者の矜持をないがしろにするようなことは、政府として行うべきではありません。少なくとも、「健康保険証の廃止」だけは、なにがあっても絶対に止めなくてはならない。

荻原　先輩の医師たちが、60年かけて血のにじむ思いで守り続けてきた国民皆保険の灯を、絶対に消すわけにはいかないという強い気持ちが伝わってくるお話でした。本日はどうもありがとうございました。

（2023年6月某日）

あとがき

国民を抜きにして「机上計画主義」でつくりあげた「マイナンバーカード」と日本DX計画を見ると、唐突だと思われる方もおられるかもしれませんが、私は、日本を敗戦に追い込んだ太平洋戦争を連想します。

太平洋戦争は、「どうすれば勝てるか」ではなく、「勝利ありき」という計画で進められ、その「勝利」の鍵は、巨大戦艦の建造でした。それさえあれば、日本は勝てるはずでした。

ところが、7年かけて巨額の費用をつぎ込んでつくり、国が不沈艦と宣伝していた戦艦大和は、出撃した途端に撃沈されてしまいました。日本が大砲の威力を誇る戦艦大和をつくっている間に、世界の戦闘では空母機動部隊が活躍するようになっていました。

アメリカは、真珠湾攻撃で戦艦８隻を含む計30万トンの艦船が戦闘不能となりました。ただ、空母が無事だったので、空母で戦おうと考えた時から、アメリカは、小回りが利いて合理的に戦える戦闘機の時代に入りました。この「臨機応変」さが、戦艦大和を撃沈したといってもいいでしょう。


ところが、日本の軍隊には、「臨機応変」という考え方がありませんでした。「生きて虜囚の辱めを受けず」と教え込まれた軍人たちは、人命など顧みない無謀な計画を遂行するためにひたすら戦い、ガダルカナル島では、約１０００人の日本兵が１万人以上のアメリカ軍を相手に全滅しました。

戦って死んだなら、軍人としては本望という面もあるかもしれません。ところが太平洋戦争で死んだ軍人・軍属は約２３０万人ですが、その６割強にあたる１４０万人が、戦わずして病死や餓死で亡くなっているのです。こんな軍隊は、世界中どこを見てもありません。

その作戦ミスを隠すために、日本陸軍は、敗北を転進、全滅を玉砕に言い換えて、さらなる泥沼に突き進みました。


7年前にスタートした「マイナンバーカード」も、「どうすればみんなの生活が便利になるのか」という視点よりも、「普及ありき」で突き進み、医療関係者や介護関係者が悲鳴をあげているにもかかわらず、立ち止まって検証するという「臨機応変」さがありません。これでは日本の医療現場は「第2の敗戦」を迎えることになってしまいます。

マイナンバーカードが、日本が60年かけて作り上げた国民皆保険を崩壊させるなどということは、あってはならないことです。

荻原博子（おぎわら ひろこ）

1954年長野県生まれ。経済ジャーナリスト。大学卒業後に経済事務所勤務を経て、1982年にフリーのジャーナリストとして独立。難しい経済の仕組みをわかりやすく解説することに定評があり、家計経済のパイオニアとして活躍する。著書に『年金だけでも暮らせます』（PHP新書）、『最強の相続』（文春新書）など多数。

文春新書

1422

マイナ保《ほ》険《けん》証《しよう》の罠《わな》

2023年8月20日　第1刷発行

著　者　荻 原 博 子

発行者　大 松 芳 男

発行所　株式会社 文 藝 春 秋

〒102-8008　東京都千代田区紀尾井町3-23
電話（03）3265-1211（代表）

印刷所　理 想 社

付物印刷　大 日 本 印 刷

製本所　大 口 製 本

定価はカバーに表示してあります。
万一、落丁・乱丁の場合は小社製作部宛お送り下さい。
送料小社負担でお取替え致します。

ISBN978-4-16-661422-6

文春新書のロングセラー

磯田道史
徳川家康　弱者の戦略
人質、信長との同盟、信玄との対決……次々に襲う試練から家康は何を学んで天下を取ったのか——。第一人者が語り尽くす「学ぶ人家康」

1389

エマニュエル・トッド　大野 舞訳
第三次世界大戦はもう始まっている
ウクライナを武装化してロシアと戦う米国によって、この危機は「世界大戦化」している。各国の思惑と誤算から戦争の帰趨を考える
1367

樹木希林
一切なりゆき
樹木希林のことば
二〇一八年、惜しくも世を去った名女優が語り尽くした生と死、家族、女と男……。ユーモアと洞察に満ちた希林流生き方のエッセンス
1194

牧田善二
糖質中毒
痩せられない本当の理由
どうして人は太ってしまい、またなぜ痩せられないのか。それは脳が糖質に侵された中毒だから。そこから脱却する最終的方法を伝授！
1349

堤　未果
ルポ　食が壊れる
私たちは何を食べさせられるのか？
人工肉からワクチンレタスまで、フードテックの裏側で何が起こっているのか？「食と農」の危機を暴き、未来への道筋を示す本
1385

文藝春秋刊